À VRAI DIRE

Une conversation

JEAN-LUC MARION
de l'Académie française

À VRAI DIRE

Une conversation

Entretiens avec
PAUL-FRANÇOIS PAOLI

LES ÉDITIONS DU CERF

www.editionsducerf.fr
24, rue des Tanneries
75013 Paris

ISBN 978-2-204-13993-9

Avertissement

Comment aborder, pour discuter sans disserter, le philosophe français vivant qui est le plus lu, le plus commenté et le plus traduit aujourd'hui dans le monde alors que son renom n'est plus à faire ? Comment solliciter, impromptu, sa parole alors que ses écrits sont réputés pour leur exigence de pensée, leur excellence de langue, leur extrême maturation ? Comment le convaincre de s'engager dans un tel exercice, à hue et à dia, alors que son refus de participer à la société médiatique est notoire ?

Ces questions ont été celles du journaliste d'idées Paul-François Paoli, animé par l'ambition de nous faire découvrir autrement Jean-Luc Marion. Le pari était risqué. Nous l'avons soutenu pour avoir été à notre tour convaincu sinon de la nécessité, à tout le moins du caractère bienvenu et bénéfique d'une telle entreprise.

Le présent ouvrage accompagne notre publication concomitante de *Paroles données*, qui recueille les entretiens que l'auteur de *Dieu sans l'être* et *D'ailleurs, la révélation* a accordés ces dernières décennies à des revues souvent savantes. Il ne s'y substitue pas. Pas plus qu'on ne saurait le considérer comme une introduction didactique, une esquisse biographique, un commentaire générique. Il ne consiste d'ailleurs pas en un dialogue ou un débat. Il donne à lire une conversation qui égrène librement, au fil des interrogations qui se présentent et s'enchaînent, les temps, les lieux et les visages dans lesquels sont venues s'inscrire une œuvre et une destinée. Une conversation qui coïncide avec l'instant où elle se déroule, motif pour lequel elle est reproduite d'une traite. Un instant qui ne prétend être ni exhaustif, ni déterminant et qui ne revendique que la liberté de son immédiateté. Une liberté qui montre cependant, quelle que soit l'interrogation adressée, qu'elle touche la personne, l'époque ou le concept, ce que signifie l'intelligence en acte éclairant les phénomènes de l'existence et de l'histoire.

Ayant eu l'heur d'assister à ces entretiens et de participer à leur élaboration, j'en sais le haut prix. Par-dessus tout, cette conversation livre des clés de compréhension et délivre des raisons d'espérer face au nihilisme contemporain. Grâces soient donc rendues à Jean-Luc Marion d'en avoir accepté l'augure.

JEAN-FRANÇOIS COLOSIMO.

Prologue

Comme mot introductif, pourrait-on dire et pourrait-il suffire de dire que la foi dans le Christ, le Dieu fait chair, récapitule le sens de votre existence ?

Oui, mais à la condition d'y ajouter mon insuffisance à la vivre en plénitude autrement que sur le mode de l'espérance. Et sans oublier que l'espérance demeure la plus vive, en nous, des trois vertus théologales. Souvenez-vous des vers de Charles Péguy : il est presque aisé à l'homme de croire ou d'aimer, bien plus difficile de ne pas désespérer.

Étant à la fois catholique et philosophe, l'image la plus commune de vous qui ressort est que vous seriez par excellence le « philosophe catholique » d'aujourd'hui. Or, vous rejetez cette appellation. Pourquoi ?

Parce que, tout simplement, une chose telle que la « philosophie chrétienne » n'a pas de sens. Ce débat a pu occuper les sociétés savantes dans le Paris de l'entre-deux-guerres et voir s'affronter positivistes et « spiritualistes » dans un ultime écho au conflit idéologique entre les deux France qui avait agité les débuts de la Troisième République. Mais, au même moment, de l'autre côté du Rhin, Martin Heidegger le tranchait une fois pour toutes : il n'y a pas plus de philosophie catholique qu'il n'y a de mathématiques protestantes. Quand un chrétien entre en philosophie, il pense de la philosophie, fait de la philosophie et aboutit à la philosophie. Et si, d'autre part, il se soucie d'œuvrer en croyant dans l'ordre de la pensée, il s'adonne alors à la théologie.

Faut-il conclure à l'absence de toute relation entre la philosophie et la théologie ?

Ce serait historiquement faux, on le sait, à ne considérer que les grands systèmes médiévaux qui, partant du premier Testament, de l'Évangile ou du Coran, ont tâché au contraire de les lier. Mais en raison même de son caractère exceptionnel, ce moment singulier appelle une appréciation critique à hauteur de son ambition. Tenons-nous-en plutôt au fait de penser en purs termes de philosophie, opération qui ne dépend d'aucune révélation. Supposons par exemple – ce qui n'est pas vraiment fortuit – que l'on invente le concept de donation. Au départ, l'hypothèse de travail ne découle en rien d'un présupposé théologique qui serait issu du christianisme, mais relève strictement de l'exercice philosophique. Constatons à l'arrivée que cette idée pourra être également appliquée à l'examen de cas afférents à la théologie. Comme par hasard ? Évidemment non. Pour être distinctes, l'une et l'autre sphères se corroborent. Car il y va de l'épreuve même de la philosophie de dépasser ses propres frontières.

N'est-ce pas là une manière de retrouver cette autre ancienne question de la foi, de l'intelligence et de leurs quêtes réciproques ?

Non plus, car vous renvoyez là encore à une situation théorique (foi *versus* rationalité) qui n'est pas rien, mais qui ne correspond pas à cette suspension que je viens de décrire. Puisque vous cherchez un mot qui puisse nous servir de viatique, vous l'avez implicitement cité en préambule et c'est l'incarnation. Sans majuscule dans l'immédiat. Et avec pour unique certitude qu'il faut savoir la perdre pour apprendre à la retrouver. Ce qui en fait, après tout, un bon fil rouge pour notre conversation.

Une enfance catholique

Précisément, pour en venir à votre biographie, le catholicisme n'est-il pas un donné de l'enfance du philosophe de la donation que vous êtes par ailleurs ?

Pour être exact, un fait de naissance. Je vins au monde juste après la Libération au sein d'une famille attachée à l'Église qui, croyante et pratiquante, n'en retire aucune angoisse ni orgueil particuliers. On s'y soucie toujours de cette intelligibilité de la foi que vous mentionniez. Le philosophe Jacques Maritain, le champion de la démocratie-chrétienne contre les tentations totalitaires, est alors le grand homme des milieux catholiques de Meudon, ma ville natale. Ma mère trouvait dans l'œuvre de ce thomiste contemporain un motif d'inspiration à son propre engagement dans l'action caritative. La question de la solidarité sociale était en effet dominante, car l'heure était au face-à-face avec l'Union soviétique. Il y avait encore les catholiques d'un côté, les communistes de l'autre, et moi-même je m'inscrivais dans cet espace binaire. Une fois entré au lycée, je participerai au mouvement de Jeunesse étudiante chrétienne, la J.E.C, endossant un militantisme quelque peu plat, gentillet et en cela fort semblable à celui de mes petits camarades de l'U.E. C., l'Union des étudiants communistes (c'est d'ailleurs leur haut responsable qui me fit commencer sérieusement, avec lui, la course à pied). À l'époque, ces organisations constituaient avant tout des machines à éduquer. Et il en résultait, rétrospectivement, une société réglée.

L'Église au sein de laquelle vous grandissez est celle d'avant Vatican II. Quel souvenir en gardez-vous ? Positif? Négatif?

J'étais un gamin heureux de grandir dans l'Église, qu'on ne qualifiait pas encore de préconciliaire, et de rencontrer des prêtres édifiants qui étaient autant des enseignants que des pasteurs. J'étais un enfant de chœur heureux de servir l'autel, de se frotter au latin, de découvrir la liturgie romaine telle qu'elle venait d'être réformée par Pie XII, de bénéficier ainsi de la restauration du sens résurrectionnel de la Semaine

Sainte. Et à regarder en arrière, je peux me considérer heureux aussi d'avoir connu ce rare point de maturation et d'équilibre dans le rite. C'était également l'époque des grandes publications catholiques pour la jeunesse. Elles nourrissaient mon imaginaire. Bien plus tard, en 1977, la parution de *L'Idole et la distance* me donnera l'occasion de m'entretenir, pour *La Croix*, avec le père André Sève et d'évoquer, ravi de pouvoir le faire, le magazine *Bayard* que je lisais petit garçon, de louer les formidables bandes dessinées qu'on y trouvait, mais aussi la chronique en page deux, destinée à l'émulation des lecteurs en herbe que nous étions et que signait un mystérieux « Chevalier noir ». Or, voilà que le religieux assomptionniste me déclara tout de *go* : « Mais le Chevalier noir, c'était moi ! ». Quelle surprise, quel bonheur ! Oui, de tout cela, je garde un souvenir proustien.

Que le monde ne soit pas l'Église et puisse lui être hostile ne vous effleurait donc pas ?

Si, bien sûr. Je l'éprouvais au contraire très tôt. Ma scolarité se déroulant dans la « publique », d'abord à l'école communale de Meudon, puis au lycée de Sèvres, nécessairement, je me confrontai à la partition idéologique que je vous ai décrite. Les anticléricaux ou les athées parmi mes maîtres ou mes copains ne manquaient pas. Mais cela me semblait normal, si je puis dire, et dans tous les cas, ne me choquait pas. J'en ai retiré qu'il est inévitable, peut-être indispensable, que tout un chacun ne soit pas catholique. Mais aussi que la différence, dès lors qu'elle n'empêche pas l'humanité des relations, est source d'intérêt, voire de fécondité. Enfin, sans vanterie et sans vanité, il m'apparut aussi très tôt que le conflit et l'affrontement ne m'effrayaient pas, que j'étais doué pour le débat, l'argumentation, la polémique et que l'on avait tendance à prêter l'oreille à ma voix. La division qui conduit à la discussion me convient. Et ce trait également perdurera.

Rien ne vient donc troubler cette enfance heureuse ?

Peu de choses.

Pas même le séisme que représente Vatican II ?

S'agissant du Concile, je n'ai pas quinze ans lorsqu'il se clôt, mais je grandis à l'ombre de cet événement. On me dit qu'il est important et j'acquiesce sans trop appréhender cette importance. On m'invite à en consulter les textes et je les lis, sans me passionner ni guère les comprendre. Manifestement le tournant est crucial mais je dois avouer que, dans l'instant, il ne me bouleverse pas. Il faudra attendre les années de classe préparatoire pour que j'en prenne à peine la mesure. Mais que je réalise aussi l'abaissement de l'institution, l'ébranlement des clercs, le désarroi des fidèles et l'éclatement des représentations qui s'en sont suivies, qui couvaient depuis longtemps et que mon jeune âge n'avait pu deviner. L'après-concile laisse finalement voir un état de faiblesse et de désordre qui, pour le coup, m'a profondément affecté.

Comment vivez-vous cette période heurtée pour l'Église ?

Non pas comme une catastrophe, mais comme une interrogation. Certes, quand vous commencez à noter que les prêtres disparaissent de la scène parce qu'ils quittent en nombre le sacerdoce, soit qu'ils n'ont jamais eu la foi, soit qu'ils l'ont perdue ou encore parce qu'ils pensent bon de la vivre autrement, votre trouble est certain. Mais brandir l'argument sociologique d'une subite crise des vocations due à une variation climatique des mœurs n'explique rien. Qu'autant de défections s'accumulent aussi vite ne saurait venir de nulle part. Il y a à la source de ces départs, je le réalise, un problème que je n'ai ni su, ni pu percevoir. Au moment où il prend son ampleur, il est en fait déjà ancien. Les tensions entre l'épiscopat, le clergé et le laïcat à propos du témoignage catholique face au monde moderne remontent à loin, on le sait maintenant. Et ma petite expérience de l'Action catholique me l'avait fait entrevoir. L'explosion n'est pas moins sidérante.

Êtes-vous un spectateur ou un acteur de cette crise ?

L'ébullition est si forte que la frontière tend à s'effacer entre prendre acte et prendre parti, y compris pour l'adolescent que je suis. Vatican II se joue en parallèle de Mai 68. Les cénacles se multiplient et, avec eux, les revues qui, conservatrices ou réformistes, débordent de notre boîte aux lettres. Alors que le nom d'un certain Mgr Lefebvre commence à se répandre et va précipiter le ralliement des ultras à l'extrême droite, les feuilles intégristes n'entrent pas chez nous, tandis qu'une part de notre entourage, celle que forment les abonnés à *Témoignage chrétien*, migre vers la CFDT ou le PSU. Ces mouvements, qui viennent d'être fondés, proviennent de la doctrine sociale de l'Église dont ils se veulent la version sécularisée. Ce sont ainsi des catholiques, on ne s'en souvient guère aujourd'hui, qui vont fournir les bataillons de ce qu'on appellera la deuxième gauche. Cette polarisation au profit des idéologies alors dominantes ressort à mes yeux si étrange que j'y reste étranger.

Compteriez-vous pour rien les déchirements sur la messe qui font alors la une de la presse nationale et internationale ?

La crise se focalise sur la liturgie qui n'en est toutefois que le symptôme. Il s'agit en fait d'une crise de la foi. Voyez comment, aujourd'hui même, tandis que nous échangeons, ce n'est pas tant une crise sanitaire qu'une crise sociale que nous traversons sous couvert de la supposée pandémie de la Covid-19 – et je dis *supposée* non pour céder à quelque fièvre complotiste, mais parce que la létalité du virus demeure faible en proportion des effets néfastes qu'il entraîne durablement sur nos vies. Pareillement, je comprends alors que le problème qui agite l'Église est plus profond qu'il ne paraît, qu'il n'est pas qu'institutionnel ni d'abord de structure, mais qu'il m'occupera pendant longtemps.

Jusqu'à quand ?

Aujourd'hui encore je vis avec cette interrogation.

Préparation

Puisque le mot est venu au sujet de la crise du sacerdoce, éprouvez-vous alors une vocation pour la philosophie ?

Du tout ! je ne sais pas encore ce qu'est la philosophie. Si, clairement, je me destine à des études littéraires, c'est la poésie qui m'impressionne. Et ce sont les langues anciennes et modernes, l'histoire auxquelles je me consacre. Le seul attrait que peut exercer sur moi la philosophie tient à ce qu'elle me reste hermétique et que je me complais dans ce qui résiste à mon entendement.

N'y a-t-il pas cependant un premier philosophe dont la découverte vous éblouit en classe de terminale ?

Au risque de vous décevoir, je n'ai pas connu de révélation amoureuse de cet ordre. Le premier ouvrage philosophique que je lis de bout en bout, avant même la fatidique année du baccalauréat, est *La maladie à la mort- Guérir du désespoir* qui m'impressionne d'autant plus que j'ignore tout de Hegel contre lequel s'élève Kierkegaard. Suivent Pascal qui m'illumine par sa finesse de style et Descartes qui me surprend par sa géométrie de construction. Puis Marx, Freud, ainsi que le réclame l'époque, qui vous condamne sinon à mourir idiot. Ma saisie demeure encore et surtout littéraire et non conceptuelle, j'appréhende leurs œuvres comme des récits. Ce qui tombe bien, car je serais en peine de les analyser. La leçon paradoxale que j'en tire est qu'il y a peu de chances qu'un texte philosophique que vous comprenez à la première lecture soit fondateur, car en pareil cas, vous auriez pu vous-même l'écrire. Je pressens ainsi que la philosophie s'apparente à l'alpinisme et qu'il faut apprendre à durement grimper pour atteindre des sommets. Je prends donc pour discipline de sélectionner les textes qui au premier abord semblent énigmatiques, afin de m'essayer plus tard à les déchiffrer. Je me dressais ainsi une liste de livres trop difficiles pour moi.

Ce goût initial pour l'ascèse conceptuelle ne va-t-il pas déterminer votre trajectoire philosophique ultérieure ?

N'exagérons pas ma propension au renoncement ! L'adolescent que je suis se convainc qu'il lui faudra et faudrait s'accointer avec les philosophes pour pouvoir en parler et croit qu'il parle parfois mieux de ceux qu'il connaît le moins. C'est son côté acteur, quoi, auquel l'incline son tempérament et qui lui permet de tenir le rôle qu'on lui attribue volontiers de petit génie rhétorique. Ce qui me sauve de la fatuité reste la conscience qu'il lui faudrait reprendre la philosophie à zéro en plongeant dans son tréfonds pour commencer à véritablement la comprendre.

Est-ce le programme que vous vous fixez en entamant le cursus qui va vous mener des classes préparatoires à l'École normale supérieure ?

Absolument pas ! J'ignorais ce qu'était l'École, et, même en hypokhâgne comme en khâgne, mon horizon se bornait à la littérature et en premier lieu à la poésie qui ne cessait de me fasciner. Je la lis en français, de Maurice Scève à Péguy et Valéry en passant par Racine, Mallarmé et Claudel, me livre à des incursions en allemand ou en anglais (jusqu'à m'aventurer plus tard un peu en italien, un peu en espagnol). La poésie me devient une seconde langue maternelle. J'y vois la plus sérieuse et la plus décisive des expressions. Je le fais d'instinct ne sachant pas encore combien les grands philosophes du XXe siècle se sont tournés vers la poésie afin de sortir du langage de la métaphysique. Ce qui ne sera pas pour rien, plus tard, dans mon attachement à les relire à cette lumière.

Que devient votre engagement catholique lorsque vous entrez en hypokhâgne au lycée Condorcet et n'y rencontrez-vous pas un progressisme militant peu sensible, à tout le moins, à la foi ?

Ce ne sont pas les questions qui étaient alors à mon horizon. Je me découvre nul en latin, balbutiant en allemand, ignorant en histoire, débutant dans l'art de la dissertation, pressé d'améliorer mes matières faibles et, en bref, sommé de tout réapprendre. Je me sens d'autant plus sur le fil du rasoir que j'ai été élevé dans la morale du devoir d'état et qu'il n'y a aucune légitimité à avoir été admis en classe préparatoire si l'on n'est pas reçu au concours. Il faut donc que je réussisse. Ma traduction d'un passage de Tacite est-elle correcte ? Mon interprétation du rôle de la tragédie au Grand Siècle est-elle correcte ? Ma compréhension des mutations politiques de la Révolution industrielle, mon évaluation des économies socialistes sont-elles correctes ? Le reste n'avait aucune importance pour moi. C'est le moment de retraite du monde, de réduction, où je commence réellement à travailler.

Vous ne rencontrez donc aucune difficulté d'ordre idéologique ?

Bien sûr que non ! Personne n'a de temps à perdre dans de tels débats, ni les enseignants ni les étudiants, et tous jugeraient déplacé de s'y employer. N'importe quel propos inutilement polémique, d'ailleurs, passerait chez son destinataire comme l'eau sur les plumes d'un canard, moi y compris. La grammaire ordonne nos relations comme nos travaux. Il ne m'est certes pas difficile de pressentir que certains de mes professeurs ou de mes camarades ne sont pas de « mes idées », selon la formule consacrée. Mais lorsque Jean Beaufret, en cours de philosophie, commente les médiévaux, Pascal ou Kierkegaard, il le fait avec la plus grande objectivité.

La question essentielle qui nous occupe les uns et les autres est l'excellence dans la technicité du savoir. Une autre morale, une autre hiérarchie s'imposent.

Le marxisme n'est-il pas alors dominant et comment vous débrouillez-vous de son omniprésence ?

Le marxisme constitue alors la musique de fond du monde universitaire. Ni moins, ni plus. À la manière d'une basse continue, il ronronne à bas bruit un peu partout, quoique le plus souvent confusément et, déjà, plus faiblement. Il est néanmoins attendu que l'on sache siffloter le refrain, même si c'est du bout des lèvres. C'est l'épisode qui m'arrive au moment de passer le concours de l'École. Par mesure de sécurité, j'avais décidé de me présenter aux deux guichets, Ulm qui a ma faveur, Saint-Cloud en second choix où, de surcroît le jury est notoirement composé de marxistes, marxiens ou marxisants de diverses obédiences. Lors de l'épreuve de géographie, matière que j'ai survolée à l'aide d'un seul précis remarquable jusque dans son extrême concision, m'échoit pour sujet : « L'agriculture française depuis la Seconde Guerre mondiale ». D'où le plan convenu et convenable. Première partie, l'héritage de la misère due au conservatisme, lamentation sur l'oppression des masses paysannes. Deuxième partie, le sursaut de la coopérative après la Libération, éloge de la collectivisation. Troisième partie, la récupération par le capitalisme, regret de la financiarisation. Le tour est joué sans avoir eu à me trahir et on passe haut la main.

Sans scrupule et sans honte parce qu'il n'est pas faux de dénoncer la primauté de l'argent et qu'on peut le faire sans adhérer à un quelconque corpus idéologique. Telle était encore la contrainte de l'atmosphère.

De ce corpus, ainsi que vous le dites, vous vous tenez donc éloigné...

Pas vraiment et, d'ailleurs, pourquoi mettrais-je une telle distance ? Je ne craignais pas d'être envoûté. Volontiers curieux, lors de mon année de khâgne, je lisais *Les Lettres françaises*. Le journal que dirige Louis Aragon s'est abîmé lors de l'affaire Kravtchenko en 1949, mais allait se racheter en condamnant l'invasion des tanks soviétiques à Prague en 1968. Il m'importait de voir comment les gens d'en face concevaient la littérature. Ce qui me pousse à un deuxième aveu : je me suis toujours senti assez sûr de moi pour aller voir ailleurs ce qui, en principe, devrait me déranger le plus et sans nécessairement en être dérangé.

Est-ce ces années-là que la philosophie commence à s'imposer à vous ?

Non, pas encore. Je ne débute vraiment en philosophie que le jour où j'arrive à l'École normale supérieure, rue d'Ulm. Je me promène au sein du Quartier latin en compagnie de Rémi Brague et, n'étant pas sûr de mon choix, lui lance : « Toi, tu t'inscris dans quelle section ? » Sans hésiter, il me répond : « Philosophie, naturellement. » Me voilà à bredouiller que mon premier goût est pour les Lettres. « Sois sérieux, réplique-t-il, ce qu'il y a d'intéressant où que ce soit, ce sont les philosophes qui le déchiffrent. Les littéraires ne comprennent rien à la littérature. Fais de la philosophie. » *Dont acte*. Il y a néanmoins un rite de l'admission, qui consiste à soumettre une dissertation aux deux professeurs statutaires, Louis Althusser et Jacques Derrida, qui se montrent charmants. Je m'exécute. Ils me lisent, me reçoivent et me souhaitent la bienvenue. Inutile, vous le voyez, d'en appeler à la prédestination. Ou alors, elle est affaire de rencontres.

Une initiation philosophique

Votre entrée à l'École ne marque-t-il pas un tournant dans votre relation au fait de philosopher ?

C'est à ce moment, en effet, que la philosophie devient ma discipline à tous les sens du terme, dont celui de l'exercice quotidien. Le premier philosophe que je crois comprendre est Spinoza. Le lire me donne l'impression d'être intelligent et sa facilité d'emploi en fait une référence obligée dans mes copies. Un peu plus tard, lorsque je serai l'assistant de Ferdinand Alquié à la Sorbonne, à chaque rentrée, j'aurai un texte différent de l'œuvre de Spinoza à expliquer et enseigner. Au bout des sept années que durera ce commentaire assidu, le spinoziste que j'ai pensé être en retirera que, tout compte fait, Spinoza ce n'est pas si bon qu'il avait pu me paraître.

Catholique et spinoziste, l'attelage n'est pas commun, mais il est vrai aussi que l'attraction de Spinoza n'a cessé depuis de grandir et de se populariser...

Spinoza est adaptable à tout et compatible avec tous. Il est des spinozistes mystiques et des spinozistes matérialistes, marxistes et libéraux, psychanalystes et cognitivistes. Chacun y met et y trouve ce qu'il veut, mais les uns et les autres ont en commun, par définition, de se considérer heureux. C'est l'impératif qui les réunit et qui ne va pas sans quelque burlesque involontaire. De même, en dépit du tour mathématique qu'il lui imprime, la pensée de Spinoza n'est pas rigoureuse. Outre qu'elle dégage un profond ennui à la lecture, *L'Éthique*, qu'il annonce « démontrée suivant l'ordre des géomètres », ne démontre presque rien. Et sans doute est-ce la raison pour laquelle le spinozisme trouve un tel écho aujourd'hui : il dispense de l'exigence conceptuelle.

N'y a-t-il pas eu des auteurs qui ont exercé sur vous une influence plus persistante ?

Si, Kant. Le premier philosophe en fait que j'ai lu à la fois avec passion et avec sérieux. Un choc, il n'y a pas d'autre mot. Dès la khâgne, la découverte de *La Critique de la Raison pure* me subjugue. L'impression est si puissante que la *Critique* devient le premier texte que je travaille véritablement, parce qu'il me travaille et pour ne plus cesser, dès lors, d'y revenir. Kant me forme à la philosophie en tant qu'il me force à philosopher.

D'autres chocs surviennent-ils qui puissent rivaliser avec Kant ?

Certainement, en amont et en aval d'ailleurs du tournant qu'il représente. Les traités d'Aristote dès que je m'essaie à les lire en grec me secouent et, pour employer une expression estudiantine d'aujourd'hui, je me dis : « Ça envoie ». Un autre séisme m'ébranle, lorsque je lis en allemand *Sein und Zeit* de Heidegger et là, il me faut l'admettre : « C'est du lourd », selon une autre formule à la mode. Ces lectures, dont je me suis fixé moi-même le programme en entrant à l'École, adviennent à l'entour de 1968 et elles servent à ma propre révolution.

Platon n'apparaît pas immédiatement dans cette récollection. Vous l'ignorez, lui êtes indifférent, le rejetez ?

Le grec d'Aristote est plus simple que celui de Platon. Non seulement plus accessible, mais aussi plus limpide. Or, comme au cinéma, goûter autant que faire se peut la version originale est vital. On y trouve des lumières et des ombres que tend à estomper ou grossir la version traduite. Je m'efforce de lire les textes tels que leurs auteurs les livrent car l'amour de la langue et des langues, qui a précédé en moi le souci de la philosophie, ne me quitte pas. Il faut aussi avouer que le premier travail de mon condisciple Brague, *Le*

Restant, éblouissante mais énigmatique exégèse du *Ménon*, m'avait découragé de comprendre jamais correctement Platon. Quant à la tradition platonicienne, elle m'importe, quoique je ne la croise que dans d'autres cycles de lectures parallèles, notamment saint Augustin où elle affleure mais en latin. Je ne me confronterai à Platon lui-même qu'ultérieurement et je m'attacherai alors moins au théoricien des idées qu'au contemplateur de l'Eros.

Aristote, Augustin, Heidegger, qu'ont de commun ces auteurs qui, manifestement, orientent votre jeunesse philosophique ?

Ils l'éclairent plutôt de leurs présences paradoxales. Dans l'Aristote grec, à rebours de ce qu'ont fixé des siècles de commentaires, je découvre qu'il n'y a ni essence, ni substance mais l'*ousia* ; ni puissance et acte, mais la *dynamis* et l'*energeia* ; ou encore que la quiddité renvoie à l'énigmatique *to ti en einai*, le « ce que c'était que d'être ». Ne faut-il pas revenir sur ce langage afin de rendre la parole au texte, cesser d'en contrefaire la voix et le laisser d'autant plus se dire que l'on entend le contredire ? Je comprends que l'Être peut se décliner en plusieurs sens, jusqu'à s'abîmer dans le non-sens et que tout retour aux sources doit engager une révision des sources elles-mêmes. Au même moment, je découvre également, dans l'allemand de Heidegger, que l'Être consiste d'abord en un questionnement, *Seinfrage* : quelle signification lui accorder dès lors que le fait d'être, *Sein*, est fini, que l'être-là, *Dasein*, est un être-pour-la-mort, *Sein zum Tode* ? Je comprends que l'angoisse n'est pas un sentiment, qu'elle est expérience du néant, que le néant est celui de l'étant et donc qu'il ouvre la voie d'accès à l'être. Toujours au même moment, je me tourne évidemment vers les lettres chrétiennes, convaincu que je suis et le demeure, que tout ce qui est bon dans l'ordre de la pensée se retrouve aussi dans la pensée chrétienne. Je découvre dans le latin des *Confessions* un grand et beau latin, mais qui n'est en rien classique ni « bas ». Pourquoi saint Augustin, qui a lu Horace avec soin et connaît Virgile par cœur, court-il le risque d'emplois de vocabulaire et de tournures de grammaire que les puristes ne manqueront pas de lui reprocher, comme ses variations sur l'illusoire *phantasia*, afin de la distinguer de la réelle *imago* ? Je comprends qu'approcher l'indicible réclame de réinvestir autrement la langue, de créer au besoin des mots nouveaux, d'inventer un style. Donc, en ces années-là, comme vous le voyez, il s'agit moins pour moi d'adopter et d'additionner des maîtres que d'accumuler des paradoxes.

Pour en revenir à Aristote, selon Jean Beaufret, le héraut de Heidegger en France et votre professeur de philosophie à Condorcet, il faut passer vingt ans à l'étudier pour un tant soit peu le comprendre. Si cette assertion est vraie, comment ne pas être découragé ?

Je ne crois pas qu'on puisse, à proprement parler, « comprendre » Aristote. Cette limite s'applique à tous les grands philosophes, de Platon à Heidegger en passant par Augustin et Kant, pour ne citer que ceux que nous venons d'évoquer. En filant la métaphore de l'alpinisme, ce sont eux nos premiers de cordée. Avant les autres, avant nous, ils ont franchi une crête, escaladé un pic. Leur course aux sommets a été inaugurale et il nous reste à reprendre la voie qu'ils ont ouverte, à reparcourir le chemin qu'ils ont tracé.

Vous excluez donc que l'on puisse philosopher d'instinct.

Je n'exclus rien, mais je sais que seule l'acquisition du métier vous permet d'espérer le jour où, peut-être, il vous sera donné à votre tour de réaliser une première. Pour prendre une autre image, le cabinet du philosophe est tel l'atelier du mécanicien et les œuvres majeures sont les indispensables outils qu'il lui faut toujours avoir à portée de main. Quand le mécano cherche une clé de douze pour examiner le système d'allumage, le philosophe se met en quête de la troisième section du traité *De l'Âme* d'Aristote pour s'interroger sur l'intellection. Qu'en a dit le Stagirite ? Et pareillement avec Augustin, Kant, Heidegger ou saint Thomas, Descartes, Husserl : qu'en ont-ils dit ? C'est pourquoi ce ne sont point des auteurs que l'on lit une fois pour toutes, mais que l'on relit mille et une fois. Et c'est aussi en cela que nous sommes tous des héritiers.

Considérez-vous que vous avez vous-même réalisé une première en établissant le concept de donation ?

Ce n'est certainement pas à moi de le dire et ce, non pas tant par une posture d'humilité sincère ou feinte, que pour d'objectives raisons. D'une part, je sais que l'événement qui revient à penser un impensé se vérifie à l'aune de sa réception sur le temps long. D'autre part, je doute que l'on puisse continuer à penser la philosophie, en faisant complément abstraction de la pensée de la donation. Enfin, et c'est ce qui compte, j'ai conscience qu'elle m'a trouvé plus que je ne l'ai trouvée.

DANS LE MIROIR DES AÎNÉS

Sorte de Saint des Saints, la rue d'Ulm a aussi ses monstres sacrés qui se nomment Louis Althusser et Jacques Derrida. Quelles relations nouez-vous avec eux ?

J'entre à l'école un an avant 1968 et ni l'un ni l'autre n'est encore canonisé. Ils sont tous deux au début de la reconnaissance, si ce n'est de la vénération dont ils jouiront. De Louis Althusser, on retenait surtout le petit livre qu'il a consacré à *Montesquieu, la politique et l'histoire* – ce qu'il a écrit de mieux d'ailleurs. *Pour Marx* et *Lire le Capital* viennent de paraître, *Lénine et la philosophie* suivra, mais ces ouvrages ne captivent que le cercle des élèves qui partagent son engagement communiste, mâtiné de structuralisme.

N'est-il pas considéré alors comme un maître ?

Sans doute hors de l'École, mais pas vraiment en son sein. Tout d'abord, il a la charge non pas tant du cursus philosophique que des enseignements pour scientifiques, à quoi tend sa propre pensée, si vous vous souvenez de la coupure épistémologique qu'il croit discerner entre le premier et le second Marx. Ensuite, il est souvent absent à cause des malheureux séjours en maison de repos, auxquels le conduit une sévère mélancolie. Ces raisons conjuguées font que ses cours se caractérisent par une assistance clairsemée. Mais aussi et enfin, je dois l'avouer pour en avoir suivi quelques-uns, parce qu'ils sont décevants, assez platement marxistes sous un vernis de scientificité. À dire vrai, dès qu'il s'agit de plonger en profondeur dans l'histoire de la philosophie, il apparaît vite que Louis Althusser est à la peine. Ce sont donc les *exos*, comme on appelait ceux venant de l'extérieur, qui l'entourent et constituent son audience. N'ayant pas à régler la question de savoir si Karl Marx est ou n'est pas le *Zeitgeist*, l'« esprit du temps », ce phénomène de cour me laisse indifférent. Je ne peux en revanche qu'être sensible à l'humanité qu'il manifestait à travers l'attention affectueuse qu'il réservait aux jeunes pousses philosophiques que nous étions.

Ce rapport distancié vaut-il également avec Jacques Derrida ?

C'est tout l'inverse. Derrida est savant et subtil. Il se révèle immédiatement très fin, très fort, très puissant. Quitte à un peu trop le montrer et au risque de paraître sophistique autant que sophistiqué. Lui, non seulement connaît Platon et Heidegger mais il entre encore en débat avec Platon et Heidegger. À son initiative, nous entretenons vite une véritable relation. Il me prend suffisamment en amitié pour me confier le soin de relire le manuscrit dactylographié de son commentaire de *Physis B* d'Aristote, qui paraîtra comme une « Note sur une note de *Sein und Zeit* », m'accablant ainsi dans un grand sourire d'une tâche dont je me sens incapable. Le souvenir de cette accointance heureuse et paisible sera momentanément affecté par mes premières publications dans lesquelles il verra, à tort, une attaque contre son œuvre. Nous finirons par redevenir amis plus tard, ce qui me contentera grandement.

N'y a-t-il pas d'autres figures publiques qui, à l'époque, emportent votre curiosité ou votre estime ?

Assurément. Des personnalités renommées étaient régulièrement invitées à plancher rue d'Ulm. Il y avait l'éblouissant Michel Serres venu disserter sur Leibniz. Il y avait également le raffiné Gilles Deleuze et son numéro fantastique de bel canto. Plus spectaculaire encore que Derrida dans le magistère de la parole, il possédait l'art de tenir la scène : « Chez Spinoza la distinction de raison n'est jamais réelle. Et la distinction réelle, n'est jamais de raison. » La formule était juste, mais d'une évidente platitude, mais au terme d'une heure et demie de cours elle tombait comme un jugement de Jupiter, soulevée par les accents dramatiques d'une voix solennelle. Ils étaient de grands bonhommes et les reconnaître comme tels ne souffrait aucune hésitation. Il y avait, enfin, Jacques Lacan dont il m'apparaissait clairement qu'il ne fallait point trop s'approcher : se voulant une pile atomique, il contaminait de ses radiations les gens du premier rang qui, pour beaucoup, n'en furent pas indemnes et ne sortirent plus de cette fascination dangereuse. Je restais au fond, me contentant de l'écouter de loin.

N'oublions-nous pas Jean Beaufret et l'indiscutable influence qu'il exerce sur vous dans ces années-là ?

Je ne saurais l'omettre car, vous le dites, il demeure par excellence mon professeur et c'est pourquoi il occupe une place à part dans cette galerie des aînés que vous m'invitez à brosser. Heideggerien, je le deviens par l'intermédiaire de Jean Beaufret et je lui garderai pour cela de l'admiration, même lorsque j'aurai cessé de l'être. Nos différences en termes d'adhésion religieuse et d'orientation sexuelle, qui ne sont pas rien pour lui, n'empêchent pas une proximité qui s'apparente à une relation filiale. Ma détestation du révisionnisme qu'il finira par adopter nous éloignera profondément. Même s'il continuera à se montrer bienveillant à l'égard de mes recherches et de mes écrits, son incompréhensible reddition à un abominable mensonge me restera une meurtrissure.

Non seulement vous êtes jeune, mais encore vous vous déclarez catholique. Cela ne gêne-t-il pas vos aînés alors qu'ils voient en vous une graine de pair ?

Il existait plutôt une forme de curiosité. Lors de mon entrée à l'École, je rendis ma visite protocolaire à Althusser, qui me retint le temps d'une longue conversation. Imaginez-vous quel sujet il choisit pour notre entretien ? Origène, le père de l'exégèse spirituelle chrétienne dans l'Alexandrie du IIIe siècle, qu'il connaissait dans l'instant bien mieux que moi. C'était un prétexte à dérouler, l'air de rien, l'interrogation qui lui restait sans doute en tête : « Comment se fait-il que ce garçon philosophiquement sérieux soit resté catholique alors que moi-même je ne le suis plus ? » J'éprouverai la même impression, des années plus tard, lors de mon ultime tête-à-tête avec Deleuze. Il me recevait à déjeuner chez lui où, n'ayant plus qu'un quart de poumon, il se préparait à l'agonie, entouré d'un appareillage médical et surveillé par une infirmière. Mais il voulait que nous discutions de *Dieu sans l'être*, que je venais de lui envoyer, en partageant un riz au lait, le seul mets qu'il pouvait encore assimiler. Pourquoi ce dialogue ? Parce qu'il voulait pareillement sans doute savoir ce qui me faisait demeurer chrétien, moi qui ne lui paraissait pourtant ni crédule, ni fanatique. Cette interrogation implicite ajoutera à la suspension pathétique de notre au revoir, qui se révélera un adieu.

Cette indifférence attentive, si on peut la caractériser ainsi, la retrouvez-vous chez Jacques Derrida ?

Certes, mais avec la complexité pourtant inhérente à son héritage. Il est juif, le sait, ne veut pas le paraître ou y être réduit et s'abstient à l'époque de se référer au judaïsme. Mais Derrida ne tamuldise pas moins tous les textes qu'il aborde, y compris ceux de Heidegger et d'autant plus quand il les attaque. J'entends par-là qu'à la manière rabbinique, il dédouble l'écrit, en cerne l'envers, en creuse la faille, en exhume le non-dit qu'il lit entre les lignes. Cette méthode ne souffre aucune exception. Il s'adonne au même exercice de retournement dans son premier article, remarquablement aigu et entièrement biaisé, sur Levinas, intitulé « Violence et métaphysique ». C'est là sa force, parce qu'il procède à ce type de lecture mieux que personne et qu'il y procédera sa vie durant, lui donnant pour nom la déconstruction. Sans doute sa bienveillance à mon égard proviendrait-elle de sa conviction, pourtant hâtive et inexacte, que j'appliquais une méthode similaire au christianisme. Non que je n'y ai pas recours, mais elle n'est pas pour moi une finalité.

Pensez-vous que ces anciens vous réservent une tolérance qui ne vaudrait pas forcément pour d'autres ?

Non, il y va d'une honnêteté et non pas d'une faveur. C'est une question d'équilibre entre l'identité catholique qui, ni dissimulée ni proclamée, existe telle quelle est et la ténacité intellectuelle qui fait que l'on ne peut pas philosophiquement me disqualifier. Ce qui arrive également au même moment à Remi Brague, je pense : il est loisible de le considérer personnellement comme on l'entend, mais il ressort qu'il est philologiquement irréprochable. Pour dire vrai, il me semble que d'être catholique m'a protégé.

De quoi et comment ?

De l'enrôlement. J'avais sous les yeux des lacaniens carbonisés. Je connaissais des althussériens perdus et des derridiens bloqués. Ou encore des deleuziens azimutés. Peut-être l'auraient-ils été sans leur maître, mais leur sort ne me paraissait guère enviable. Il ne s'agit pas d'un mal propre à l'École ou purement philosophique : en théologie, je verrai les mêmes comportements serviles avec les mêmes résultats affligeants. Je décide que je ne serai pas « discipliné », que je garderai mon quant à moi, que je veillerai à refuser cette dérive étonnement sectaire. Je ne veux pas être disciple, sauf du « seul Maître ».

Il se dit que vous n'avez pas voulu rencontrer Heidegger. Pourquoi cette réticence ? Que risquiez-vous ?

De demeurer heideggerien pour les siècles des siècles. Avec l'oracle de l'Être, l'effet de séduction s'avère d'autant plus irrésistible qu'il est réellement génial. La mode souabe est alors à son apogée. On se greffe sur l'œuvre comme on entre en religion et celle-ci, à l'instar de n'importe quelle autre, a ses fanatiques. Or, la tentation de me chercher un gourou m'est étrangère. Elle me révulse et ce principe guidera mon propre enseignement : des élèves oui, des disciples non. D'ailleurs, cette effusion de religiosités bricolées contribue à ma paix de catholique pratiquant. Tout le monde sait que je fréquente le centre intellectuel et chrétien de Montmartre, que j'y rédige des notules de théologie, que j'y pratique l'adoration eucharistique et nul ne pense à me le reprocher : au fond, rien que de très classique et de très sage, comparé aux cultes anarchiques et bigarrés auxquels s'adonnent certains de mes camarades.

En découvrant la théologie

Votre extraordinaire familiarité avec la théologie, unique chez un philosophe contemporain, laisserait croire qu'elle a précédé, chez vous, la philosophie...

Ce qui relève, je vous arrête, d'un malentendu. Le paradoxe est que l'élève résolument inscrit dans le cursus académique que je suis alors ne va pas entreprendre des études de théologie, ne va guère fréquenter des cours de théologie et ne va décrocher aucun diplôme en théologie. Ce qui sera sur ce sujet une constante tout au long de ma vie : rester un *amateur*, terme on ne peut plus seyant à toute entreprise théologique.

Néanmoins, vos circonstances biographiques vous conduisent à la rencontrer, n'est-il pas vrai ?

Bien entendu. Aussi loin que j'y songe, la théologie est présente car, tout simplement, je grandis au sein d'une famille catholique et intelligente qui s'en soucie. Cette familiarité se fait plus instruite au lycée, plus construite à l'École car, aussi naturellement, je suis sommé d'acquérir une position équilibrée, nourrie et rationnelle, notamment sur la question de l'existence de Dieu. Mais la rencontre, pour reprendre votre expression, a lieu en chair et en os dans la personne de Mgr Maxime Charles, alors recteur du Sacré-Cœur à Montmartre.

Ce personnage charnière pour au moins deux générations de jeunes catholiques reste méconnu du public. Quel a été son rôle ?

Un personnage, oui, le mot est mérité. Originaire de Dordogne, entré aux Carmes, d'abord curé à Vanves où il anime une paroisse-laboratoire, ce prêtre militant veut reconquérir ses frères et sœurs de baptême, les réconcilier avec l'intelligence, affermir leur foi. Orateur et organisateur né, il attire les foules. Chef de troupe, il s'octroie pour mission de revivifier l'aumônerie en milieu universitaire, fonde le Centre Richelieu, livre des batailles homériques pour récupérer les locaux que vise le Parti Communiste place de la Sorbonne et lance le pèlerinage de Chartres qui réunit chaque année jusqu'à dix mille étudiants. Il n'a pas lu Antonio Gramsci, mais pense comme lui qu'il est indispensable de former des intellectuels. Le fait qu'il ait été affecté aux Chantiers de jeunesse créés par Vichy lui barre cependant la route de l'épiscopat. Son succès parisien dérange et on le bombarde ensuite à Montmartre dans le vain espoir qu'il s'y fera oublier. C'est le contraire qui se passe. Il en fait une nouvelle machine de guerre. Afin d'amplifier l'écho de ce qu'il nomme son « Réseau Action », un lieu de débats nourri de prestigieux invités extérieurs, ce créateur inlassable de journaux avait inventé la revue *Résurrection*. Il nous convoqua un jour, Jean Duchesne, qui est alors normalien à Saint-Cloud, et moi-même pour abruptement nous déclarer : « Vous reprenez le titre. » Interloqués, nous lui répondons d'une même voix : « Monseigneur, nous ne connaissons pas la théologie. » Il n'en a cure. « Eh bien vous l'apprendrez », réplique-t-il.

Il vous faut donc vous former. Le faites-vous en autodidacte ?

Nous sommes en 1968, j'ai vingt-deux ans et me voilà le rédacteur-en-chef d'un trimestriel de qualité, dévolu à un domaine exigeant auquel rien ne m'a préparé. La règle est simple : liberté de principe en amont, censure en aval si besoin, mais toujours pédagogique. Plus vaste et plus complexe encore que la philosophie, la théologie, qui est l'exact inverse d'une discipline futile, requiert, je vais l'apprendre à mes dépens, un immense investissement. Pour commencer à l'approcher, il faut avoir lu un nombre infini de textes dans un nombre incalculable de langues, raison pour laquelle il n'y a pas beaucoup de théologiens complets et accomplis. Mais là n'est pas l'essentiel et c'est le génie de Mgr Charles d'y insister : être un authentique théologien a pour condition première de témoigner d'une forme de sainteté. La théologie n'est pas une science, elle est un commentaire de la prière et il s'agit de lier les deux. Sinon, au même moment, on trouve soit des gens qui en font une spécialité savante, soit des gens qui en font une effusion mystique, sans que l'on puisse trop déterminer ce que les uns et les autres comprennent ou croient réellement.

Qu'est-ce que cet apprentissage donne en pratique ?

Mgr Charles m'oblige à travailler comme un fou, mais surtout à opérer ce lien : sur un rythme hebdomadaire, des séminaires de réflexion surviennent après vigiles eucharistiques. En patron assumé, il délègue l'enseignement à meilleur que lui dans cet exercice et j'hérite des consignes de lecture des pères Louis Bouyer et Thomas Kowalski, deux géants chacun à sa manière. J'apprends donc la théologie sur le tas, pourrait-on dire, tout en m'inscrivant dans une tradition, ce mot qui prête à confusion, si l'on ne le ramène pas à sa juste signification qui est la transmission.

« Sur le tas » dites-vous, mais les fruits que vous retirerez suggèrent un tour plus systématique que vous ne semblez admettre...

Détrompez-vous. Là encore, il n'y a pas de secret. Il s'agit de débuter en fréquentant d'abord les auteurs majeurs et les œuvres fondatrices. Nos deux bons conseillers nous invitaient à lire les textes considérés comme illisibles et à comprendre les polémiques jugées incompréhensibles. D'un côté, je me concentrais sur Augustin et me tournais vers Denys l'Aréopagite, ce qui me conduisit à la théologie mystique et à la voie dite négative. De l'autre, je m'intéressais à la crise que causa Arius et l'arianisme, à la réaction qu'y opposèrent Athanase et Cyrille d'Alexandrie ainsi que les Cappadociens, Basile de Césarée et les deux Grégoire, de Nazianze et de Nysse, autrement dit à la longue élaboration dogmatique des deux natures, divine et humaine, du Christ.

Vous citez là des auteurs qui, pour la plupart, relèvent des IVe et Ve siècles. Sont-ils encore d'actualité ?

Plus que jamais. Ceux que l'on nomme les Pères constituent le nœud décisif d'une intellection de la foi, entre le dépôt apostolique, qui est unique, et les commentaires ultérieurs, qui sont infinis. Pour eux, la théologie ne va pas sans les pratiques de l'exégèse et de la liturgie. C'est en quoi elle se fait vivante et c'était le programme de Montmartre.

Pour Baudelaire, Lucifer est théologien. Pour Borges, la théologie relève de la littérature fantastique. Est-il démoniaque ou parodique de pratiquer la théologie sans avoir la foi ?

Illusoire et commun seraient les justes qualificatifs. Entreprise frappée d'inutilité et vouée à l'échec, en somme. À faire de la théologie sans la foi, on ne fait tout bonnement pas de théologie du tout, car elle suppose l'expérience de la sainteté, autrement dit l'expérience de Dieu. On peut être un historien de la peinture, un musicologue, un critique littéraire compétent tout en étant incapable de produire soi-même une œuvre, de ressentir ou de communiquer la beauté d'une création singulière, de discerner entre un remarquable et un médiocre artiste. La théologie est en revanche affaire de vérification directe, empirique, personnelle. Un bon professeur, bien éduqué dans les matières universitaires que l'on recoupe sous ce nom, rompu à la philologie ou à l'histoire, pourra préciser le contexte qui entoure un texte, mais ne pourra rien en dire d'essentiel, car il ignorera de quoi, fondamentalement, il parle. Le reste en découle. À défaut de l'expérience spirituelle qui en constitue la source et la finalité, à considérer la théologie comme un savoir comparable aux savoirs que regroupent les sciences humaines, on peut certes enseigner la théologie, mais ce que l'on enseigne alors n'est plus la théologie chrétienne.

À vous écouter, il semble que vous faites à cette époque partie d'une dissidence. Est-ce le cas ?

L'heure est à l'explosion dans les suites du Concile, qui me confirme dans l'idée qu'il a mis au jour un état de déliquescence plus ancien et ignoré. Des initiatives se multiplient, on m'y invite et je m'y rends. Jean Daniélou, que Paul VI fait évêque et créé cardinal en 1969, s'efforce de regrouper les intellectuels au sein de « Fidélité et Ouverture ». On y croise des pointures dont le théologien Gaston Fessard, le philosophe Paul Vignaux, le diplomate et passeur de la spiritualité russe Jean Laloy. Les jésuites, de leur côté, réunissent à Chantilly, au centre des « Fontaines », les hégéliens qui n'entendent pas renoncer à Jésus-Christ, tendance qu'illustre le penseur Claude Bruaire. Des cénacles plus restreints accueillent les brillants discoureurs que sont Stanislas Breton et Michel de Certeau, plus enclins pour leur part à chevaucher le tigre révolutionnaire. Ces mouvements ont en commun de s'adresser aux catholiques progressistes qui, sous la pression des événements et le déplacement du curseur idéologique, se sentent perdus au point de se découvrir réactionnaires. Je n'adhère à aucun d'entre eux et profite de tous, en petit dernier qui sait ouvrir ses oreilles de préférence à sa bouche.

Vous refusez-vous à prendre parti ?

Ces belles figures m'inspirent. Mais leur effervescence me conforte dans la certitude qu'il faut fuir les deux extrêmes qui prennent l'infortuné Paul VI en tenailles. D'un côté se trouvent les progressistes, les contestataires de l'autorité pontificale que, pour ma part, je jugerai plutôt trop faible et toujours plus affaiblie par leurs agissements. De l'autre, les traditionalistes, les détracteurs de la réforme conciliaire qui protestent de leur fidélité à la chaire pétrinienne, mais dont on devine la dérive vers le schisme insignifiant. Pour moi, l'Église, il n'y en a qu'une. Et elle est heureusement assez ample pour que l'on s'y accorde sur les désaccords, ce qui est merveilleux. J'en retire le besoin, encore et encore, de théologie.

Votre engagement à Montmartre ne vous cause-t-il pas cependant des ennuis ?

Un seul et, vous allez le voir, inattendu. Jean-Marie Lustiger ayant succédé à Mgr Charles au Centre Richelieu est, à son tour, avec son propre style un aumônier que prisent les étudiants, à commencer par Corinne qui va devenir mon épouse. En 1968, je me présente donc à lui pour lui proposer de rejoindre son équipe de la Sorbonne, mais avec cette brutalité de séducteur dont, je l'apprendrai plus tard, il a le secret, le voilà qui me met à la porte. « Écoutez, me dit-il, Mgr Charles qui est mon père spirituel et que je vénère m'a fait un méchant tour : quand il est parti pour Montmartre, il a gardé avec lui les Normaliens. C'est une concurrence déloyale et je n'aime pas la confusion des genres. Vous devriez être chez moi et pas chez lui. Mais puisque vous êtes là-bas, restez-y ! » Et ainsi est né bizarrement entre nous un sentiment d'amitié qui ne s'est plus jamais démenti.

Comment vivez-vous cet univers parallèle à celui de la rue d'Ulm ? Éprouvez-vous une sorte de division en votre for intérieur ?

Pourquoi le devrais-je ? La vie intellectuelle en France bénéficie encore à ce moment-là d'une unité en quelque sorte organique. Pour l'anecdote, mais significative, lorsqu'il entend le nom de Maxime Charles, Louis Althusser ne manque pas de maugréer en prenant un air affecté : le professeur reproche au prélat de l'avoir emmené à Rome, avec une délégation du Centre Richelieu, des années plus tôt, et de garder une photo de l'audience où le futur pontife du marxisme pose à côté du pape Pie XII ! Non sans conclure cette évocation par une moue amusée. Les parallèles ne se quittaient pas l'une l'autre.

Le choix de Descartes

Ce n'est pourtant pas un Père de l'Église, mais Descartes dont vous allez faire votre sujet d'études. Vous rangez-vous alors à la bienséance universitaire ?

Au lieu de se retrouver mise sous le boisseau, la théologie va à nouveau se manifester à moi par ce choix. Certes, il a une part académique. En bon étudiant de l'histoire de la philosophie, je lis des œuvres, je suis des cours, je rédige des devoirs mais, au bout d'un an, j'en suis encore à chercher mon sujet de maîtrise. Réflexe à la fois malin et banal, l'idée fait son chemin qu'il me faut prendre un auteur central. En Allemagne, c'est Kant. En Angleterre, c'est Hume ou Locke. Et chez nous, en France, c'est Descartes. Tous les grands philosophes français, morts ou vivants, ont écrit un jour ou l'autre sur lui. Il est aussi l'objet d'une dispute homérique entre les deux figures de la scène universitaire, les éminents cartésiens Ferdinand Alquié et Martial Gueroult : le premier privilégie la geste existentielle des concepts, là où le second systématise un ordre des raisons. Gueroult a les faveurs de l'époque, mais Alquié est à mon sens dans le vrai. Je me rends donc chez lui et il me réserve un excellent accueil.

N'est-il pas curieux tout de même que vous choisissiez un auteur condamné par certains courants catholiques comme le précurseur du rationalisme antichrétien et du désenchantement du monde ? Et d'ailleurs, comment expliquer ce clivage et sa persistance ?

Comme souvent : par l'ignorance. C'est une vieille histoire, typiquement française. Après avoir été proche des Jésuites, des Oratoriens et même de Port-Royal au XVIIe siècle, puis critiqué par les Lumières au XVIIIe siècle, dès 1789, Descartes se trouve récupéré, pour le bénir ou pour le maudire, comme un annonciateur de la Révolution : quoiqu'empêtré dans la piété de son temps, il aurait été au fond un rationaliste devançant l'esprit des « philosophes ». Soucieuse d'illustrer la grandeur nationale par une figure philosophique exemplaire, la troisième République embraie et force le trait en le portraiturant en apôtre du radical-socialisme. Le Descartes officiel de la Sorbonne au mitan du XXe siècle est tributaire de ces instrumentalisations. Par réaction, mais de manière symétrique, le courant néothomiste l'accuse d'une forme de subjectivisme moderne, qui conduirait à Kant et qui aurait pour antidote la *Somme de théologie*. C'est ainsi que Jacques Maritain en vient à écrire des sottises au sujet de Descartes. Or, Étienne Gilson, qui ne fut pas moins thomiste que lui et anticartésien à ses débuts, reviendra sur ces préjugés après avoir étudié le corpus de fond en comble. La différence tient à ce que Maritain musarde là où Gilson travaille.

Mais de cette prise de conscience au fait de chambouler un domaine du savoir, il y a un abîme. Qu'est-ce qui vous fait le franchir ?

J'en dois l'inspiration à Jean Beaufret qui, en cours, ne cessait de nous rappeler que Platon, Aristote, Descartes, Kant, Heidegger, ne disent pas des choses différentes dans l'ordre de la pensée, mais la même chose dans des langues différentes. Il nous avertit que ceux qui ne pensent pas voient des contraires là où ceux qui pensent entendent des échos. Et qu'il s'agit bien, comme il le répète, de méditer « le même ». Ce qu'il faisait en revenant souvent au rapport crucial entre Descartes et Kant. Pour ma part, je lisais alors Aristote et, d'un seul coup, se découvrit à moi combien cette lecture éclaire Descartes. Plus précisément un texte de Descartes. Et pas n'importe lequel : le premier qu'il a écrit, le seul qu'il n'a pas terminé, qu'il n'a pas publié et qu'il ne citera plus par la suite, un texte en latin de surcroît, pas ou peu commenté tant l'on ne comprend ni son intention, ni sa signification. Et là, il m'apparaît que l'affaire est aveuglante de simplicité. *Les règles pour la direction de l'esprit* sont une réfutation pied à pied de l'*Organon* et les termes voilés qu'utilise Descartes recoupent les catégories usuelles d'Aristote.

C'est le thème de votre première publication philosophique, Sur l'ontologie grise de Descartes, *qui paraît à la Librairie Vrin en 1975 et qui constitue un événement alors que vous n'avez que 29 ans.*

L'ouvrage est d'allure ennuyeuse et savante. Il constitue mon doctorat de troisième cycle, accompagné comme il se doit d'une traduction, d'une bibliographie et même de tables annexes et d'index informatisés, ce qui n'est pas courant alors. En montrant comment Descartes critique Aristote tout en ne le nommant qu'une fois, je marque un gros point vis-à-vis d'Alquié, de Gouhier, de leurs pairs et de mes camarades. J'entre par la grande porte dans l'Église cartésienne et entame ma carrière d'historien de la philosophie : Ferdinand Alquié m'avait déjà nommé son assistant à la Sorbonne et, des sept années que je passerai auprès de lui dans cette charge, je garde un souvenir lumineux. C'est à toute vitesse que, de là, le reste s'enchaîne. J'entreprends et j'achève rapidement ma thèse d'État, *Sur la théologie blanche de Descartes.*

Rapidement en effet puisqu'elle paraît en 1981 aux Presses universitaires de France...

Leur président, mon camarade d'École Michel Prigent, qui en fut l'âme, me confia également le soin de diriger la collection « Épiméthée » fondée par Jean Hyppolite, l'un des initiateurs de Hegel en France. Entre-temps, Geneviève Rodis-Lewis, Pierre Costabel, Jean-Robert Armogathe et moi-même avions fondé le

Centre d'études cartésiennes, que dirige aujourd'hui Vincent Carraud et qui consacre ce renouveau. Mes parrains continuant de veiller sur moi, sans que je m'y attende, me trouvent un poste à Poitiers : me voilà à trente-cinq ans professeur d'université.

C'est jeune !

Très jeune, un record en philosophie pour la France et que je n'avais ni prévu, ni recherché.

D'accord pour le brio avec lequel vous traitez d'Aristote et de Descartes, mais la théologie dans tout ça ?

Le lien est naturel de l'*Ontologie grise* à la *Théologie blanche*, qui porte un sous-titre à la claire résonance théologique : « Analogie, création des vérités éternelles, fondement ». Dès le départ, j'ai réalisé qu'un certain nombre de questions cruciales sont, disons, sous-estimées par mes illustres maîtres. En dépit de leur immense science, Ferdinand Alquié et Martial Guéroult passaient à côté de ces questions dont ils ne percevaient pas, ou mal, le soubassement théologique. Descartes soutenait en effet une doctrine singulière : les vérités les plus abstraites, mathématiques et logiques, ne sont pas éternelles, mais créées. Elles nous paraissent évidentes précisément parce qu'elles sont telles, de la même manière et à la mesure de notre entendement fini ; elles ne s'imposent, donc, pas à l'esprit de Dieu. La singularité doctrinale de la création des vérités éternelles réside dans le fait qu'au moment où Descartes l'émet, les esprits éclairés du XVIIe siècle, qu'ils soient physiciens, philosophes ou théologiens, pensent pour la plupart le contraire. Selon eux, le plus haut degré de rationalité que nous connaissons, à savoir les mathématiques, est tellement parfait qu'il reproduit l'entendement divin et s'applique à l'entendement humain. C'est la conception que partagent les astronomes Galilée et Kepler, le savant moine minime qu'est Mersenne, le scolastique jésuite Suarez qui publie ses *Disputations Métaphysiques* un an après la naissance de Descartes et même le cardinal oratorien Bérulle. Et c'est contre eux que s'insurge Descartes qui, au collège de la Flèche, avait appris beaucoup plus que le catéchisme et maîtrisait parfaitement la théorie de l'analogie dont le sort se joue derrière cette dispute.

Avez-vous conscience que vous commettez ainsi un putsch ?

Oui et non. Oui, c'est bien un « coup » ; non, car je ne suis pas un factieux. Cerner l'arrière-fond théologique au sein duquel se meut Descartes suppose que l'on admette la théologie parmi les disciplines rationnelles. Or dans la Sorbonne des années 1960-1970, elle est quasi-exclue du domaine de la rationalité et, en conséquence, rejetée par le savoir universitaire. Je démontrais incidemment qu'il est malaisé, si ce n'est malvenu, d'interpréter la philosophie en ignorant la théologie. Ce qui devrait mener à se demander si la philosophie peut se suffire. Ou encore, si la philosophie rationaliste, les sciences humaines qui dérivent de son autolimitation, les sciences tout court qui résistent à son épistémologie, ne sont pas trop étroites pour penser notre paradoxal aujourd'hui. Quitte à simplifier, n'est-il pas étrange que la philosophie moderne, qui commence avec Descartes en se fondant sur le primat de l'*Ego*, sur l'évidence du *Je* transcendantal et de la certitude de soi, finisse par engendrer la notion d'inconscient et y assujettir l'ensemble des phénomènes empiriques ? Ces fractures et ces clôtures existent. Soit. J'en prenais acte et, modestement, continuais le travail et poursuivais le filon auxquels je m'étais arrimé. Mon objet fut la finitude de la vérité chez Descartes, pour qui la science est vraie, mais limitée en tant qu'elle n'est pas la pensée de Dieu. Quelles sont les conséquences de cette presque contradiction ? C'est en déroulant ce fil que j'aboutis à qualifier de « blanche » la théologie de Descartes, car on ne sait pas quel est le « dieu » qui l'occupe : Dieu ou l'*ego* ? Et c'est en ce sens que j'apporte une interprétation inédite, mais surtout complète, du corpus cartésien qui puisse être à hauteur de la métaphysique qui le sous-tend.

C'est donc bien une étape importante dans le processus de la « mort de Dieu » que vous décrivez ?

Ce serait forcer le chemin que de l'affirmer et le rendre linéaire, ce qu'il n'est pas. Quant à la « mort de Dieu » à laquelle vous vous référez, elle signifie d'abord que la philosophie ne peut plus rien dire de

Dieu. Autrement dit, l'annonce philosophique de la mort de Dieu consiste avant tout en la mort du discours de la philosophie sur Dieu. Ou encore que, désormais, Dieu échappe à la philosophie. Voyez le parallèle contemporain qu'offre l'écologie : les crises climatiques irrépressibles, les catastrophes naturelles irréfrénables, les épidémies virales incontrôlables nous rappellent de jour en jour qu'il y a de l'inconnu, de l'imprévu, de l'inattendu. À leur manière, ces phénomènes soulignent le sens de la limite, l'évidente défaite d'une certaine philosophie qui a prétendu comprendre et maîtriser le monde, qui s'est vue démentie et qui, elle-même, ne parvient plus à croire ce qu'elle a professé.

COMMUNION ET COMMUNICATION

Ces mêmes années où vous prenez votre envol académique, vous fondez avec des camarades de votre génération la revue Communio...

Nous ne fondons pas *Communio*. Jeunes ballots inconnus, nous sommes des marie-louises désignés pour animer l'édition francophone d'une revue internationale qui vient d'être créée en 1972 sur l'autre rive du Rhin. L'inspirateur en est le théologien suisse Hans Urs von Balthasar, secondé à Ratisbonne par Joseph Ratzinger, à Paris par Henri de Lubac et Jean Daniélou, à Cracovie ensuite par Karol Wojtyla, à Santiago par Jorge Medina Estevez. Ils deviendront tous cardinaux et pour deux d'entre eux papes. Mais dans le mitan des années 1970, nous n'en sommes pas là.

Communio *est vue à sa naissance comme la rivale de* Concilium, *l'organe dominant de l'après Vatican II et fer de lance du progressisme...*

C'est là encore une représentation inexacte. Les deux revues partagèrent la même adhésion au même esprit de régénération convoqué par le pape Jean XXIII. Balthasar, Ratzinger, Daniélou sont au départ partie prenante de *Concilium*, mais ils s'en séparent lorsque la ligne majoritaire appelle à la convocation de Vatican III, afin d'accélérer toujours plus le mouvement. Eux, au contraire, pensent que cette précipitation est inopportune et que le destin du Concile se joue dans sa réception. Laquelle n'est pas jouée d'avance. Ils entrent donc en dissidence. Leur idée fondamentale n'est pas d'armer un anti-*Concilium*, mais de susciter un vaste mouvement de réflexion théologique au sein de l'Église. Pour ce faire, et c'est leur innovation, il faut prendre en compte l'Église universelle comme une communion d'Églises locales, une communion de communions, car la pensée chrétienne reste à chaque fois inséparable d'une langue et d'une culture données, a trait au génie du lieu où elle s'exprime. Donc, au lieu de livrer de haut en bas une version multilingue d'une sorte de bulletin international rédigé par des professeurs de théologie patentés, ce qu'est *Concilium*, il faut partir de la base, associer les jeunes et les laïcs, assumer une certaine liberté de recherche et rechercher une communion réelle.

Cela ne revient-il pas à mettre en avant le caractère national ?

Non, au sens où il y va plutôt des grands bassins linguistiques (notre édition francophone comptait des Belges, des Suisses et des Québécois) qui ont dessiné l'histoire et la mission de l'Église. C'est donc une question de styles et le style est inhérent à la pensée. La première édition était en langue allemande, marquée par le goût pour la *Wissenschaft*, la « science ». Suivit l'italienne, où l'on retrouve l'appétence pour le *Risorgimento* de la foi, pour l'insurrection populaire à tonalité idéaliste. Viendront l'hispanique, forcément à cheval sur l'Atlantique, empreinte de la passion *latino* pour la justice, l'anglo-américaine au typique accent texan du *New World*.

Et la française ?

À l'image de la France éternelle : les autorités constituées restent de marbre, les cercles existants renâclent, l'argent fait défaut et Jean Daniélou ne s'entend pas avec tout le monde. Mais depuis Bâle où il réside, Balthasar nous exhorte à avancer.

Attardons-nous sur cette autre figure majeure mais peu connue. Qui est-il ? Et quelle importance revêt son œuvre ?

D'un mot approximatif, mais parlant, Hans Urs von Balthasar serait l'auteur pour aujourd'hui d'une *Somme de théologie* dont la contemporanéité tiendrait à ce qu'elle substitue l'« esthétique » à l'ontologie. En 1968, alors que je commence à le fréquenter, Jean-Marie Lustiger me lança un jour : « Pour rompre avec l'agitation ambiante, lisez donc Balthasar. Le premier tome de *La Gloire et la Croix* vient de paraître mais sautez le début et allez directement à la partie centrale de l'ouvrage. » Un conseil judicieux. C'est subjugué que je découvre Balthasar et veux tout savoir de lui. Sa formation en Allemagne auprès de cet autre géant que fut Romano Guardini, l'étoile du mouvement liturgique. Sa thèse de mille pages, en 1928, sur *L'Apocalypse de l'Âme Allemande* qui récapitule la philosophie et la littérature modernes d'expression germanique. Son entrée dans la Compagnie de Jésus, son séjour à Lyon où il rencontre les jésuites qui préparaient la création de la célèbre collection des « Sources chrétiennes » ; ses travaux fondateurs sur les Pères, Origène, Grégoire de Nysse, Maxime le Confesseur et tant d'autres lui donnent une énorme culture. Son retour en Suisse, son départ des jésuites, sa charge d'aumônier des étudiants, sa relative marginalité lui permettent de se consacrer à la rédaction d'une œuvre gigantesque, en quantité et en qualité. Son opposition avec son confrère jésuite et catholique Karl Rahner équilibre son amitié avec son voisin de Bâle, le calviniste Karl Barth. Ces trois-là constituent le triangle magique de la théologie au XXe siècle. L'essentiel du débat se déroule entre eux et autour d'eux. À mes yeux, Barth et Balthasar demeurent les plus décisifs. Leurs écrits sont devenus et demeurent des classiques. Or, de grands théologiens, il n'y a pas eu pléthore depuis la fin du Moyen Âge !

Et qui est-il plus personnellement pour vous ?

Cet esprit exceptionnellement doué et cultivé, mais aimant le silence contemplatif, a décidé que *Communio* devait exister. Il a également statué que l'édition française ne se ferait pas seulement avec des théologiens ès-qualités, mais avec des jeunes nigauds de notre espèce, en l'occurrence Jean Duchesne et moi-même, au titre de notre expérience supposée à la tête de *Résurrection*. C'est lui qui nous a chapeautés et nous a conseillés. Ayant la chance de disposer d'une maison en Franche-Comté, nous allions régulièrement le voir à Bâle. À l'époque nous ne sommes rien, nous n'avons ni écrit, ni agi. Son exemple est écrasant et nous donne la possibilité extraordinaire non seulement de le connaître, mais aussi de saisir comment il raisonne et procède. L'ampleur de son érudition n'a d'égale que la modestie de son propos. Par son humanité, il est également un modèle.

On perçoit bien l'homme, on discerne moins le stratège. En quoi va-t-il être déterminant dans la parution de Communio *en France ?*

En ce que la revue aurait pu retomber dans les limbes sans le courage qu'il nous a insufflé. Au début 1974, Jean Daniélou réussit à convaincre la maison Fayard d'accueillir *Communio*. Alors que je l'accompagne à l'Académie française dont il est devenu membre, sur un quai de métro il me lâche : « Tout est prêt, il vous reste simplement à réunir des petites mains pour faire démarrer la chose ». À vos ordres ! Le lancement était prévu pour le printemps en présence de Balthasar qui consent à faire le déplacement à Paris. Puis, le 20 mai 1974, le cardinal meurt d'une crise cardiaque chez Gilberte Santoni. La Province jésuite de France tâche d'expliquer qu'il portait secours à cette femme, mais la presse s'empare de l'affaire et le scandale éclate. Fayard se retire aussitôt du projet. Que faire ? Nous recevons une lettre de Balthasar qui nous demande de nous rendre à Bâle. Nous obtempérons. Duchesne et moi-même avons à peine frappé à la porte, qu'il nous ordonne : « Vous commencez immédiatement. »

L'intendance suit-elle ?

Sans mal, suis-je tenté de dire, puisqu'elle équivaut à rien. Nous n'avons ni argent, ni éditeur. Je suis persuadé qu'à l'instar de nombreuses revues, au mieux *Communio* en restera à deux ou trois numéros, et puis s'en ira. Nous réunissons pourtant du beau monde au sein d'un comité de patronage et annonçons dans notre déclaration d'intention qu'il nous faut 500 abonnés et 5 millions d'anciens francs pour le 14 juillet 1975.

Quelque chose comme 7 500 euros aujourd'hui. L'entreprise est modeste...

Très modeste et incertaine. Le 14 juillet 1975, nous nous réunissons dans les locaux de Saint-Jean-de-Passy pour dresser les comptes : 500 abonnés au registre et 5 millions en caisse. Je suis très embêté : nous n'avons plus aucune excuse, il faut y aller. Robert Toussaint, fin connaisseur de l'édition religieuse et secrétaire général de Fayard, nous assure de son soutien logistique personnel. Jean Fourastié nous consacre un article dithyrambique dans *Le Figaro*. Trois numéros plus tard, nous avons 5 000 abonnés. Et aujourd'hui, presque 50 ans plus tard, nous approchons les trois cents numéros publiés.

Pourtant, dès le début, la revue est classée comme conservatrice et agace divers milieux.

Bien entendu, c'était déjà l'injure suprême à l'époque et une facilité pour tous ceux que notre existence enquiquinait, lesquels furent assez nombreux. Le comique de la chose est qu'un demi-siècle a passé, que nous nous sommes effectivement conservés et que nombre d'entre eux ont disparu.

Antitotalitaire

Descartes et Communio, *l'alliance paraît harmonieuse. Mais il faut y revenir, votre premier livre paraît en 1970 et il s'agit d'un dialogue avec Alain de Benoist intitulé* Avec ou sans Dieu ? *Un pas de côté militant pour vous ?*

Une affaire de circonstances. Le cardinal Daniélou m'appelle et me demande d'aller débattre publiquement avec Alain de Benoist, que je ne connais pas et que, d'ailleurs, je ne reverrai plus. D'emblée, je suis surpris car je m'attends, comme à l'habitude, à faire face à un thuriféraire de l'extrême gauche. Or, je tombe sur un ultradroitier et, pris à revers, me fait copieusement traiter de gauchiste. L'incident relèverait du comique, s'il n'annonçait la tentation néopaïenne qui, par-delà les officines nostalgiques des années 1930, devait s'étendre de nouveau à la société française. Rétrospectivement, il me semble significatif que des catholiques aient été les premiers à dénoncer cette dérive.

Mais, précisément, diriez-vous que vous êtes vous-même à ce moment sans attache politique ?

Je suis clairement gaulliste et le seul déclaré à l'École, seul un autre camarade suit la même ligne mais de manière plus effacée. Étant sans complexe, j'en rajoute pour me singulariser. Il faut dire que, dès mon arrivée rue d'Ulm, j'avais subi une initiation accélérée. En six mois, j'ai parfait mon éducation politique. Rien ne m'échappait plus de la différence entre les léninistes, les trotskistes, les maoïstes, les situationnistes, les anarchistes, des différends entre leurs diverses doctrines et, au sein de chacun de leurs mouvements, entre leurs divers courants. Bientôt, la machinerie du coupe-coupe manichéen, la rhétorique de l'urgence mobilisatrice et de l'état d'exception permanent, l'art de manipuler une assemblée générale, la méthode pour faire voter n'importe quoi à n'importe qui, tout ce cirque n'eut plus de secret pour moi. Spectateur désengagé et neutre, je ne reste pas moins attentif et apprends beaucoup. J'en ressors assez blindé.

De quel type est votre gaullisme ?

Le fait que tout le monde soit aujourd'hui peu ou prou gaulliste, quoiqu'au prix de mille et une approximations, pourrait me dispenser de répondre à votre question. Pour moi le Général entra dans l'histoire comme soldat et en sortit comme écrivain : il défend et illustre une certaine idée de la France, « la voix des hommes sans voix », car la nation tenait à ses yeux dans la langue, ce qui explique cette vocation à l'universalité à laquelle, toujours selon lui, tentent périodiquement d'échapper les Français.

Il est alors à gauche un normalien et gaulliste, ancien résistant qui a accueilli le Général sur le parvis de Notre-Dame de Chartres en août 1944 et c'est Maurice Clavel.

Lui voit dans mai 1968, vous ne l'ignorez sans doute pas…

Oui, je sais : l'intervention fulgurante du Saint-Esprit au sein de la société française.

C'est ainsi qu'il l'analyse…

Eh bien, pas seulement. Clavel eut un vrai rôle et talent de prophète mineur, brandissant l'Évangile à la face du monde, mais qu'il a un peu gâché en le surjouant. Certes, on l'applaudit, lorsqu'il défile avec les ouvriers de Lip ou quitte le plateau de la télévision d'État d'un tonitruant : « Messieurs les censeurs, bonsoir ! » Mais sur la prétendue subversion spirituelle de mai 68, il s'égarait sans doute, car il s'en masquait la dimension délirante. Était-ce le Paraclet qui incitait les enfants de la bourgeoisie française à faire le coup de poing contre les fils de prolétaires qui formaient les bataillons de CRS et à les traiter de SS ? C'était au mieux Guignol. Avec le calme d'un vieux soldat, Jean-Marie Lustiger ne s'en laissait pas conter. Et ce, d'autant plus qu'il revenait d'un voyage aux États-Unis : « J'ai vu ce mouvement éclore à Berkeley, reprendre à Berlin ; rien d'étonnant à ce qu'il finisse par gagner Nanterre. Tout ça n'est pas sérieux », me confia-t-il. Puisque l'aumônier de la Sorbonne demeurait imperturbable, je n'avais aucune raison de m'affoler, ni de m'agiter.

Rien de sérieux, c'est votre jugement définitif?

L'événement véritable qui advient en 1968 se déroule ailleurs que chez nous, de l'autre côté du Rideau de fer, et se nomme le Printemps de Prague. Nous sommes vingt ans avant la chute du Mur de Berlin, mais le séisme est déjà profond. L'anticommunisme cesse d'être l'apanage de la réaction. Il recommence à fleurir chez les intellectuels progressistes, réveille une tradition française oubliée et, bien que je n'aie pas eu besoin personnellement d'un détour par Cuba pour prendre conscience de l'horreur utopique, je jugeais l'initiative bienvenue. Ce ralliement de la gauche non-marxiste à la cause antitotalitaire allait clore la longue chronique de l'illusion soviétique.

Êtes-vous surpris par l'effet de tornade auquel équivaut la publication, en 1974, de L'Archipel du Goulag *?*

Depuis *Une journée d'Ivan Denissovitch*, je savais qu'Alexandre Issaïevitch était un géant comme il en est peu par siècle. Nous dévorions ses romans avec Corinne, mon épouse, qui lui consacrera en 1980 un essai joliment intitulé *Qui a peur de Soljenitsyne* ? Arraché au KGB, *L'Archipel* constitue l'homéride de l'âge des camps. Le mensonge sur l'abîme communiste devint impossible, car les débats oiseux sur les statistiques imprécises et les circonstances atténuantes s'effaçaient devant ce mémorial composé de vies, de noms et de visages sacrifiés au mal, paré des attributs du bien. C'était la puissance de la chair contre le chiffre et là, oui, il s'agissait d'un événement spirituel, à la résonance d'ailleurs universelle.

De Soljenitsyne, retenez-vous avant tout qu'il est chrétien ?

Non, car ce n'est pas ainsi qu'il se présentait ou était alors présenté. Il donnait la figure absolue de la dissidence et cela suffisait.

C'est néanmoins un monde singulier qui se découvre au reste du monde. Comment vos camarades de Communio *et vous-même l'abordez-vous ?*

La Russie est un continent en soi, mais pas si éloigné de l'esprit français, ainsi que l'expérimente tout lecteur de Tolstoï ou de Dostoïevski. Quant à l'énigme que pose le communisme, particulièrement en tant que croyance messianique, Alain Besançon en fut pour nous un excellent décodeur. Revenu à l'Église après avoir adhéré au P.C., averti des deux grammaires, il sut faire voir comment l'une copie l'autre, tout en la dévoyant. Les deux essais qu'il publia coup sur coup, *Court traité de soviétologie à l'usage des autorités civiles, militaires et religieuses* puis *Les Origines intellectuelles du léninisme*, furent des chefs-d'œuvre d'intelligence qui éclairaient notre lanterne.

C'est le moment aussi où vous allez frayer avec l'aventure des « nouveaux philosophes ». Y voyez-vous rétrospectivement une entreprise décisive ou une mode éphémère ?

Les deux. Maurice Clavel, que je découvre réellement à cette occasion, en est le parrain, au double sens baptismal et mafieux, si j'ose dire. Il reçoit chez lui, à Vézelay, les orphelins de la Gauche prolétarienne et leur fait lire saint Paul afin de les pousser sur leur propre chemin de Damas. Il a pour complice mon camarade de la rue d'Ulm, Bernard-Henri Lévy qui est déjà BHL et dirige chez Grasset la collection « Figures ». Le programme est simple : abattre les idoles modernes, les « maîtres-penseurs » comme les qualifie André Glucksmann, autre personnage-clé de cette conspiration qui doit beaucoup à Arendt sur le fond et à Hergé sur la forme.

Comment se répartissent les rôles au sein de ce « complot » d'intellos ?

Tandis que tous deux, Glucksmann et Lévy, se donnent pour objectif de liquider Marx et Lénine, Christian Jambet et Guy Lardreau ont pour mission de supprimer Mao, Jean-Marie Benoist de dissoudre Hegel, Michel Guérin d'exfiltrer Nietzsche, Philippe Nemo de solder Freud et, pour ma part, de faire un sort à Heidegger. L'équipage est drôle et le dynamitage, s'il n'est pas toujours académique, est bénéfique car il ébranle la vulgate de l'époque ainsi que le mandarinat de Sartre et de ses épigones. Le tout, avec l'appui de Jean Daniel et de Jacques Julliard au *Nouvel Observateur*.

C'est dans ce cadre que vous publiez, en 1977, L'Idole et la distance, *ouvrage qui amorce votre œuvre personnelle et sur lequel nous n'allons pas tarder à revenir. Pour en rester à notre propos, ce retour de la spiritualité n'agit-il pas au même moment chez d'autres penseurs et dialoguez-vous avec eux ?*

Un mouvement se dessine, mais l'ensemble reste diffus. Sous l'égide de Henry Corbin, Christian Jambet se tournera vers le monde chiite et Guy Lardreau, vers le monde syriaque. Olivier Roy part pour l'Afghanistan découvrir la genèse de l'islamisme. Bernard-Henri Lévy se prend à méditer la Bible et Benny Lévy s'en va étudier le Talmud. C'est une tendance, qui ne constitue pas une école. Dans l'orbe du christianisme, la presse me sollicite pour cet exercice obligé que sont les entretiens croisés. Ce qui donne l'occasion à l'illuminé auquel joue Jean-Edern Hallier de me confondre avec son confesseur. Bon. Revenu de ses fascinations pékinoises, Philippe Sollers, s'enticha des traités sur la Vierge Marie et voulait que nous en discutions. Bon. Il faut un catholique pour commenter le nouveau voyage du pape à la matinale de France Culture ou d'Europe 1 et mon téléphone sonne. Bon. Mais vite, me lasse cet emploi d'occasion qui m'éloigne du travail de fond.

Figure dominante de l'époque, Michel Foucault fait, en 1978, le voyage à Téhéran où il pense discerner un nouveau type de « révolution spirituelle ». Dans quelle mesure sa pensée a-t-elle ou n'a-t-elle pas compté pour vous ?

Foucault ? Le fait est que nos univers ne se croisèrent presque jamais. La puissance de son nom et de son renom étaient alors à son zénith. Il avait pour lui l'autorité et l'influence ; des éclairs, rehaussés par une langue délibérément classique, parsèment *Les Mots et les Choses*. Mais lire ce qu'il écrit sur Descartes m'immunisait contre son pouvoir de séduction. Michel Foucault m'apparut un historien des idées à l'œuvre à la fois déterminante et discutable, mais dont je peine à identifier, contrairement à ce que m'opposera Gilles Deleuze, la contribution à la philosophie. Ses engagements idéologiques, qui firent son succès dans l'instant, expliquent son peu de postérité hors des cercles américains voués aux études militantes sur le féminisme, le genre, la racialisation ou la décolonisation. Soit beaucoup de bricolage à la Foucault sans le style de Foucault. Mais des deux côtés de l'Atlantique, le penseur de la déconstruction par excellence demeure, qu'on le veuille ou non, Jacques Derrida.

Gardez-vous un souvenir mitigé de cette époque rugissante comparée à aujourd'hui ?

Du tout, une nostalgie positive et amusée, plutôt. Lorsque notre nouvel élu et désormais ami Daniel

Rondeau se présenta à l'Académie française, nous devions nous rencontrer, chose faite au Balzar, la brasserie qui continue de résister à la marchandisation du Quartier latin. De Daniel Rondeau, je connaissais le nom, j'avais lu les livres, je suivais la trajectoire : l'adhésion à la Gauche prolétarienne, l'établissement en usine, la participation au quotidien *Libération*, les reportages pour les grands hebdomadaires, l'engagement pour les libertés, l'ambassade à Malte et l'œuvre romanesque de l'écrivain-voyageur. Mais nous ne nous étions jamais vus. Nous commençons à parler et, vingt minutes plus tard, nous avions l'impression d'avoir passé notre jeunesse ensemble. En fait, c'était presque le cas. Nous partageons, entre autres, la pieuse mémoire d'un personnage hors du commun, le dominicain Serge Bonnet, prêtre des pauvres en Lorraine et chercheur exemplaire au CNRS qui a littéralement inventé la sociologie de la religiosité populaire. Son attaque lucide du néocléricalisme sous-jacent à la contestation ultra-progressiste dans l'Église ne lui a pas valu que des amis parmi ses frères. Le père Bonnet m'a été à moi aussi une aide dans ces années-là. Or, j'apprends qu'il a accompagné le retour de Daniel Rondeau à la foi catholique de son enfance.

Les appréciations du jeune homme que vous êtes surprennent par leur tranchant. Qu'est-ce qui vous protège alors de la fausse évidence des modes ?

Il suffit d'ouvrir les yeux pour voir.

LE TOURNANT

Durant ces années où vous plongez dans la philosophie sans vous abstraire du débat, Communio *grandit. Comment expliquez-vous ce succès ?*

Communio venait combler un vide sur la scène française des publications périodiques d'inspiration chrétienne. *Études* et *Esprit* sont dédiées à l'actualité culturelle générale, *Christus* à la spiritualité, *L'Homme nouveau* et *La France catholique* s'inscrivent dans la lignée néothomiste et les publications issus du Renouveau charismatique tels que *L'1visible* ou de type plus sobre à l'instar de *Famille chrétienne* n'avaient pas encore vu le jour. La division entre les intégristes et les contestataires, comme l'on disait alors, occupait l'opinion entière. Nous avions pour singularité de la refuser. Nous disions non aux catholiques de droite et non aux catholiques de gauche qui ont en commun, à nos yeux, d'être de plus en plus politisés de moins en moins catholiques. Nous voulions montrer qu'il y a une pensée chrétienne, une rationalité de la pensée chrétienne, une actualité de la pensée chrétienne et qu'elles ne sont ni intégristes ni contestataires. D'ailleurs, dans sa première période, la revue consistera surtout en une récitation commentée et argumentée du *Credo*.

Votre différence ne tient-elle pas aussi à votre mode de fonctionnement ?

C'est vrai. Notre comité comprend quelques dominicains et jésuites, de vénérables justes, de redoutables crocodiles aussi dont il nous faut éteindre les désirs, donc d'inévitables tensions, mais surtout une profonde communion à la fin. Parfois aussi nous échouons ; ainsi le théologien Jean-Miguel Garrigues confiera dans ses mémoires avoir été rebuté par l'imprégnation normalienne de *Communio* sans que nous sachions trop s'il reproche un excès d'élitisme intellectuel (mais alors à tort) ou un manque de révérence hiérarchique (et alors sans doute avec raison). La rédaction-en-chef compte avant tout des jeunes laïcs ainsi qu'un prêtre séculier issus de la même génération et de la même formation. Rémi Brague, Jean Robert Armogathe, Jean Duchesne et moi-même en formions le premier noyau – *Bra* comme Brague, *Du* comme Duchesne, *J. R* comme Robert Armogathe et *Ion* comme Marion : nous nous intitulions J. R. Bradurion, d'ailleurs un terme du vieux français, qui désignait jadis la mécanique de frein des roues pour les chariots militaires. Il est clair que nous avions adopté une posture de combat. Toutefois d'un combat en rien partisan, concentré au contraire sur l'unité de l'Église.

Selon vous, Communio *ne se veut donc pas, à sa naissance, la voix de l'institution ?*

Mais laquelle ? Nous n'avons jamais eu d'éditeur, d'actionnaire, d'ordre religieux ou de soutien institutionnel constitué. Et pour retransmettre quel message ? Nous n'avons jamais eu de doctrine propre ni de revendication particulière. Si nous avons eu une figure tutélaire, ce fut Henri de Lubac qui avait plus que tardé à recueillir les suffrages de l'institution. Et si nous reconnaissions une autorité spirituelle, ce fut à Louis Bouyer que nous l'attribuions, personnage on ne peut plus hors-cadre. Ce prêtre incarnait l'antisystème avant la lettre. Protestant à l'origine, il n'appartenait pas aux promotions des Carmes, l'ENA du clergé français. Membre de l'Oratoire, il déclarait y être entré parce que « c'est le seul ordre qui soit un désordre ». Associé au Centre de pastorale liturgique, il en claque la porte. Convoqué au Concile comme expert sur la même question, il rue dans les brancards. Promu professeur à l'Institut catholique de Paris, il le quitte pour désaccord avec les jésuites. Son leitmotiv fut qu'il ne peut y avoir d'autre matrice à la réforme que l'esprit et la prière du premier mouvement monastique. De quoi ferrailler donc avec l'ensemble de ses contemporains, y compris les meilleurs d'entre eux. Il y a en lui quelque chose du capitaine Haddock qui adule ses proches, nargue ses adversaires, insulte les idiots, bouillonne à la seconde et court sans relâche à la passe d'armes. Comme tous les proscrits de talent, il s'est marginalisé lui-même car il ne respirait bien que dans l'indépendance. Mais ce fut le plus humblement du monde que ce puits de science se fit notre bibliothécaire et notre instructeur lorsque nous avions une question.

Vous évoquez sa mémoire avec émotion...

Ainsi que d'autres, j'ai bénéficié de son affection paternelle et comme souvent il arrive aux pères d'adoption, il cache une vive sensibilité sous une allure tantôt bourrue, tantôt désinvolte.

Pour revenir à Communio, *la revue apparaît vite, au regard de ses critiques, comme l'organe de la ligne qui s'impose à Rome avec le pape Jean-Paul II et à Paris avec le cardinal Lustiger. D'accord, pas d'accord ?*

Faux, absolument faux. Tout d'abord, pour la petite histoire, au départ, le curé de Paris Jean-Marie Lustiger ne voulut pas être de l'aventure. Il en approuvait le principe, mais sans se lier officiellement à une entreprise juvénile, attendant de voir ce qu'elle deviendrait et entendant rester au-dessus de la mêlée. Quant à l'archevêque Karol Wojtyla (que nous ne connaissons pas à l'époque), nous lui avons refusé par deux fois un article, avant d'accepter finalement de publier sa troisième version remaniée. Et ce, fort heureusement, quelques semaines avant qu'il ne soit élu pape, éventualité qui nous a échappé ! Leur arrivée aux affaires fut même, paradoxalement, pour nous une catastrophe. Nous perdions le monopole du catholicisme attestataire.

Nous n'en fûmes certes pas malheureux, il était bon que d'autres, plus qualifiés que nous, l'incarnent, mais nous nous retrouvions dévalués après avoir été surévalués. C'est le moment où pourtant les plus idéologues de nos faux-frères s'engouffrèrent dans la brèche et répandirent la légende noire que nous serions le bras conceptuel de la restauration qu'ils imaginaient en marche et qu'ils dénonçaient. C'est l'inverse qui se produisit : à notre rang modeste, nous apparaissions désormais moins originaux face au vent d'anticonformisme qui soufflait soudain depuis Saint-Pierre et Notre-Dame. Le tort éditorial et commercial que nous causèrent le pape et le cardinal fut donc profond, voilà l'ironie que n'ont pas su voir nos adversaires.

Puisque vous employez vous-même le terme, qui sont-ils ?

Il y a prescription, car ces batailles picrocholines sont révolues, faute de combattants de l'autre côté. Elles ont aussi, dans l'instant, leurs motifs boutiquiers car *Communio* taille alors des croupières à ses concurrents assoupis sur leurs tas d'abonnés. *Témoignage chrétien* m'attaquait en m'assimilant au *Deus ex machina* de la reprise en main romaine. J'appris ainsi être un ultramontain et un clérical de choc, ce que j'ignorais. *Esprit* consacra un numéro spécial à démonter l'implacable machine idéologique que constituerait notre comité de rédaction. J'en viens à rêver que les héritiers d'Emmanuel Mounier disent vrai, car cela nous aurait soulagé des tensions fréquentes entre le lubacien Georges Chantraine, l'hégélien Claude Bruaire et le physicien Costa de Beauregard, pour ne citer que les défunts acteurs de nos fraternelles empoignades. Sur le moment, je dois avouer que ces attaques ne m'affectent guère. Pas plus que ne m'enchantent aujourd'hui les révérences de détracteurs d'hier.

Vous avez mentionné une première période de la revue qui court jusqu'à l'orée des années 1990. Il en est donc une seconde ?

Il apparaît alors, il est même manifeste que nous ne sommes plus seuls à nous soucier de réaffirmer la foi. Nous nous préoccupons, dans le même temps, d'exercer notre liberté intellectuelle. Et nous nous réorientons, sur le conseil d'Armogathe, vers une herméneutique chrétienne de la société et de la culture. Cette nouvelle mouture de *Communio* fut en gros contemporaine de la création de *Commentaire* par les amis de Raymond Aron et du *Débat* par Pierre Nora. La revue entame alors le travail que feraient certaines de ses illustres devancières issues du catholicisme si elles étaient encore assez catholiques. À partir d'une position sans ambiguïté théologique, nous convoquions des savants, experts ou praticiens pour analyser ce qu'il en est de la nation, de l'art, de l'urbanisme, de la construction européenne, de l'émigration et autres questions qui méritent réflexion. Une bonne partie de l'Université et des grandes institutions de la République a commencé alors à écrire dans *Communio.*

L'année 1981, où vous êtes nommé professeur à Poitiers après votre thèse d'État, clôt l'après-1968. À l'ébullition idéologique et à la vague antitotalitaire succède l'arrivée de la gauche au pouvoir. Vous vous en inquiétez ?

Sans alternance, il ne saurait y avoir de démocratie. *Dont acte.* Il n'est pas difficile de parier, par ailleurs, que l'ancien élève des frères maristes fait mieux que subsister en François Mitterrand. Le vrai tournant, on le sait, s'opérera en 1983-1984 sous la contrainte des réalités économiques et du tollé relatif à la liberté d'enseignement. Ce rapide Thermidor me va d'autant mieux, qu'à barboter dans les eaux médiatiques ou politiques je préfère la plongée en apnée dans la philosophie.

Premières percées

Cinq années à peine séparent L'Idole et la distance*, qui paraît en 1977, de* Dieu sans l'être *qui sort en 1982. Faut-il y voir un emballement de votre œuvre personnelle ?*

Ces deux livres en dressent plutôt le prélude. On ne peut trop les dissocier, vous avez raison, car ils forment en effet une succession. D'une part, ils constituent une adresse aux heideggériens dont j'ai cessé d'être et, d'autre part, ils marquent la clôture de ma période derridienne, si je peux dire. Ce sont d'évidents travaux de déconstruction préparatoires à l'éclosion de ma propre recherche philosophique. Avec les *Prolégomènes à la charité*, qui réunissent certains articles contemporains de ces deux livres, ces études représentent une trilogie consacrée à une unique question : qu'en est-il du lien entre la question de Dieu et la question de l'Être au regard de l'annonce de la « mort de Dieu » ?

C'est donc une opération de déblaiement ?

Une description négative, en fait, de ce qui viendra une décennie et demie plus tard avec *Étant donné*, que je considère être mon premier écrit de philosophe.

D'emblée, ce qui surprend dans cette œuvre propédeutique est votre style. Votre critique de la métaphysique passe par l'arasement du langage de la métaphysique. Que lui reprochez-vous ?

Eh bien qu'il ait ses limites, et c'est tout. Ce langage suppose qu'il va de soi que le problème de l'être soit fondamental, que tout le monde sache la différence entre l'essence et l'existence, qu'étant signifie nécessairement objet. Pourquoi ? Moi, je l'ignore. Ce langage atteint son pinacle après la Grande Guerre, lorsqu'André Lalande en fixe le vocabulaire et Léon Brunschvicg, la grammaire. De quel droit ? Moi, je vois dans cette institutionnalisation une faillite. Ce langage est celui dont Henri Bergson a tenté de sortir en s'efforçant de penser le temps, négligé jusque-là, en le théorisant sous la forme de la durée ; mais échoua à y échapper. Pour quelle raison ? Moi j'en retire que Bergson aurait dû faire une théorie de l'événement, non pas de la durée qui reste enclose dans la subjectivité ; car le temps ne tient pas dans un continuum abstrait, mais bien dans l'événement, notion qui sans surprise brille par son absence chez les métaphysiciens classiques. Ce langage reste celui dans lequel s'enferment les philosophes populaires de l'Après-guerre, Jean-Paul Sartre, Albert Camus et consorts, en recourant à des concepts qui ne leur permettent ni de penser ni de dire ce qu'ils ruminent ou critiquent, mais les font se replier sur des réaménagements plats, simplifiés, idéologisés de Hegel, Marx ou Nietzsche. Qu'en inférer ? Moi, je ne nie pas la profonde déception que m'inspire la production contemporaine, qui a la faveur de certains de mes petits camarades ou anciens étudiants, et qu'ils finiront également par éprouver.

Je vous arrête car les bornes que vous énumérez ne sont-elles pas circonstancielles ?

Ces limitations sont réelles. En quelque façon intrinsèques. Elles ne dépendent pas de la volonté ou du talent. Elles expliquent le fait que la philosophie est souvent ennuyeuse pour le lecteur qui devine combien l'auteur peine à désigner et circonscrire ce qu'il a en tête et qu'il ne réussit pas à formuler ni à communiquer. Aussi n'ai-je rien contre ce que j'appelle le langage de la métaphysique, mais je sais bien ce qu'il ne peut pas approcher, décrire, appréhender.

Pour autant, dans ces deux ouvrages, vous vous confrontez également à Martin Heidegger qui inspire votre appel à une langue nouvelle. Pourquoi cet autre front ?

Je soutiens que Dieu n'est pas une région du divin, lequel divin serait une dépendance du sacré, lequel sacré serait un effet de l'Être, ainsi que Heidegger et les heideggériens le postulent, privant de la sorte Dieu de tout horizon propre. Or, Dieu n'est le dérivé de rien et rien de notre conception du possible ne s'applique à lui, en quoi rien ne lui est impossible. Dieu apparaît dans sa singularité absolue et inconditionnelle. Il est étrange que Heidegger ne le voie pas alors qu'il mène, comme personne, une critique radicale des philosophies de l'Être vu à partir de l'étant. Bien qu'il destitue l'Être tel que le conçoit la métaphysique, il garde néanmoins l'Être, tel qu'il le conçoit au-delà de la métaphysique, comme l'horizon au sein duquel doit se poser, si jamais il le faut, la question de Dieu. Et, non moins étrangement, au moins quelques théologiens chrétiens acceptent cet axiome. Or il relève, pour moi, d'une forme d'idolâtrie. Il n'y a qu'un Dieu, qui ne ressemble qu'à lui-même, qui a une pensée qui n'est pas la nôtre. Dès lors que nous ne pouvons penser que ce qui est, nous ne pouvons pas, à proprement parler, penser Dieu, car il est au-delà de l'Être. Au point que, si nous prétendons nous en tenir à l'Être, nous n'aurons plus les mots pour le dire.

Dieu sans l'être ne signifie donc pas que Dieu n'existe pas, comme certains voudront l'entendre, mais renvoie à ce point d'extinction du langage où une autre parole doit prendre le relais ?

Bien entendu. Mes lectures des Pères et des poètes influent sur mon écriture. Elles me sont indispensables pour sortir de la nasse du discours sur l'Être. Denys et Hölderlin me servent à cartographier l'état des lieux, à dire la « mort de Dieu » : non pas qu'il n'y a pas Dieu, mais que la métaphysique ni ne veut, ni ne peut plus parler de Dieu. Qu'elle ne comprend par exemple ni la distance, ni la privation et qu'elle n'a donc pas à se prononcer sur ce qu'elle ignore et qui la dépasse. Dieu sans l'être signifie que Dieu n'est mort que si le fait d'être lui est fondamental et le détermine. Je dois donc recourir à des ressources qui ne sont pas immédiatement classiques dans l'usage philosophique et, c'est vrai, mon style se ressent aussi de cette nécessité. Tout simplement, il me faut retourner la langue qui est à la source du détournement que je récuse.

DISPUTES

Comment est reçue cette percée au sein de l'Église ?

J'éveillais l'intérêt, ce qui me ravit, du grand déconstructeur qu'est le jésuite et futur cardinal Henri de Lubac. Et de quelques autres aussi.

Vous classez cette sommité théologique dans la déconstruction ?

Évidemment. À hauteur de Derrida, avec autant de puissance et autant de finesse, mais en l'ayant précédé de quelques décennies sur un terrain infiniment plus compliqué et miné que la différance, quoique crucial pour la doctrine et vital pour le salut : celui de la nature et de la grâce. Déconstruire n'est pas détruire, mais délier ou trancher des nœuds conceptuels si emmêlés que les questions initiales qui les ont suscités en deviennent elles-mêmes incompréhensibles. Avec cet autre grand théologien et déconstructeur français que fut le dominicain Yves-Marie Congar, lui aussi créé cardinal par Jean-Paul II pour avoir désembrouillé de son côté les sédimentations de l'ecclésiologie, Henri de Lubac figure parmi les pères de Vatican II. C'est également un immense intellectuel comme le montre *La postérité spirituelle de Joachim de Flore*, sa somme inégalée sur la genèse et l'essor des philosophies de l'histoire du XIIe au XXe siècle. Bref, un gentilhomme de la pensée. Je lui envoyais mes livres qu'il lisait avec une profonde gentillesse, m'honorant de ses remarques.

Mais le clivage entre progressistes et conservateurs fait alors rage. Comment êtes-vous perçu de chaque côté ?

Les deux clans, en dépit des apparences, n'en font qu'un seul. Et ils pratiquent la même indifférence intolérante à ce qui n'est pas eux. Leur passion, c'est le schisme, ce qui vaut pour les gens de Mgr Lefebvre comme pour les gens se réclamant de Mgr Gaillot. Il ne manque pas alors grand-chose pour que la machine surchauffe et explose. Mais leur grand défaut commun est l'absence de théologie. Or, pour qu'il y ait un schisme, pour qu'il soit consistant et durable, encore faut-il qu'il y ait des motifs doctrinaux graves et la capacité intellectuelle de les articuler. Ce n'est le cas ni d'un côté, ni de l'autre. Les débats avec les Orientaux sur la personne du Christ au Ve siècle, avec les orthodoxes sur la procession du Saint-Esprit, avec les protestants sur la signification de l'Église au XVIe siècle furent sérieux et ils continuent d'occuper Rome et d'animer le dialogue œcuménique. On cherchera en vain le parallèle ici.

Néanmoins on ne peut considérer que la polémique est nulle.

Peut-être, mais elle demeure non-avenue. Ce qui frappe chez ceux qui au fond se définissent et répartissent comme étant soit de droite, soit de gauche, et qui contestent les positions de l'Église sur tel ou tel sujet au nom de leur positionnement politique, c'est qu'ils multiplient les interventions idéologiques et cessent le travail théologique. Ils répètent auprès de qui veut bien leur prêter l'oreille qu'ils représentent la tradition ou l'innovation, mais ils ne produisent aucun traité pour expliquer ce qu'il faut entendre par-là. Et vous seriez bien en mal de me citer un livre important que les uns ou les autres auraient publié.

Et pour ce qui est de votre pensée, donc, elle passe au-dessous de leurs radars ?

L'expression n'est pas mal trouvée.

Personne, d'un point de vue plus institutionnel, ne vous accuse d'être le fossoyeur de la théologie médiévale ?

Si, bien entendu, j'éveille la hargne des gardiens du temple néothomiste. Mais, même à Toulouse ou à Fribourg, la bienveillance aujourd'hui l'emporte.

Les progressistes vous comprennent-ils mieux ?

Peut-être en effet. Reste que mes livres comportent trop de philosophie et de théologie pour ne pas éveiller la suspicion des activistes parmi eux. Les autres, plus savants et plus fins, ont tenu parfois à charge le chapitre final de *Dieu sans l'être*, auquel je tiens beaucoup, car il souligne le lien entre l'eucharistie et la théologie. J'y rappelle qu'originellement le théologien est l'évêque et que, jusqu'à la fondation des Universités, il lui revenait d'enseigner dans son école cathédrale. C'est une évidence historique que les Pères ont procédé à la codification et à la transmission de la foi à partir de leur expérience tout à la fois monastique et épiscopale, liturgique et sacramentelle, spirituelle et charitable. Mais l'époque rabote tout et on a crié que je voulais soumettre la liberté du théologien au magistère de l'institution. C'est l'antienne que reprit Paul Valadier lorsque, quelques années plus tard, il dut quitter la direction des *Études* et que de nos conversations jusqu'alors cordiales, il ne restera plus que ses imprécations solitaires (il avait d'ailleurs écrit dans *Communio* en 1981).

Spoliateur de la tradition pour les uns, sectateur de l'institution pour les autres, la voie est plus qu'étroite, non ?

Ni l'un, ni l'autre. Toujours dans la tradition, jamais dans l'institution cléricale. Ce temps de convulsions a passé et tout cela est, heureusement, derrière nous.

Le cas Heidegger

Les Heideggériens vous vouent-ils également aux gémonies ? Certains vous accusent-ils de rebaptiser le maître ?

Leur église est plus récente, moins ordonnée, les hérétiques y pullulent, aucune orthodoxie ne les régule et on peinerait à y trouver foule pour me traîner au pilori. (Ne suis-je pas d'ailleurs, depuis l'origine, membre du Conseil scientifique du *Heidegger-Jahrbuch* ?) Je lis et je parle le Heidegger, on le sait.

Je ne suis pas Heidegger en tout, on le sait aussi. Il ne peut y avoir de procès quant à un quelconque ondoiement déguisé qui, on le sait aussi, n'est pas mon genre.

Pourtant, à la fin de sa vie, en 1976, dans un entretien célèbre, Martin Heidegger prononce cette phrase énigmatique : « Seul un dieu peut encore nous sauver. » Comment la recevez-vous ?

Le Dieu qui peut nous sauver n'est pas « un dieu ». Il est Dieu. Et c'est pour cela qu'il nous a déjà sauvés.

Vous me permettrez d'insister. N'y a-t-il pas en Heidegger un ancien étudiant en théologie qui vous parle, une dette qui s'exprime et qui vous touche ?

Non, il y a un ancien séminariste abreuvé d'un néothomisme, qu'il a fini par ne plus pouvoir digérer et qui, lorsqu'on lui a refusé un poste de philosophie à la faculté de théologie de Fribourg, s'est fâché et a épousé une protestante, envoyant au loin ce qu'on lui avait indûment présenté comme la pensée de l'Église. C'est d'ailleurs dans le sillage de Luther, primauté de la langue maternelle oblige, qu'il lui arrivera de commenter l'Évangile.

Qu'est-ce qui fait alors sa fulgurance ?

À l'origine, surgit l'affirmation que l'on trouve chez saint Paul mais dont lui, Heidegger, s'empare en philosophe, que les discoureurs sur l'Être ne savent pas de quoi ils parlent, qu'il y a d'abord la vie, que la vie suppose une temporalité et que cette temporalité est eschatologique. Bref, qu'il faut cesser de se raconter des histoires et décrire les phénomènes tels qu'ils viennent à la lumière. Or le phénomène de l'Être ne revient pas à la première substance immobile, mais procède de tout autre chose, sur un mode épiphanique. La fulgurance, pour reprendre votre terme, correspond à cette expérience. Un éclair zèbre le ciel et illumine la terre. C'est cela qui arrive à Martin Heidegger et le frappe à l'instar d'un paratonnerre qui essuie la foudre. Quoi, pourquoi, quand, comment, on ne le sait pas et on ne le saura pas. L'événement demeure mystérieux mais il a eu lieu. Descartes peut-être, Rousseau ou Nietzsche sont de tels penseurs, dont on ne sait ni d'où ils sortent, ni vers quoi ils tendent, mais qui d'un coup implosent ou explosent, comme on voudra, et renversent l'échiquier. Chez la plupart des autres philosophes, la biographie reste indifférente à la pensée, de même qu'ils n'ont nul besoin de changer de langue pour l'exprimer. Ils se contentent d'être et d'avoir ce qu'ils sont et ce qu'ils ont. Voilà la différence avec Heidegger.

Cette fulgurance, dont selon vous Heidegger atteste, vous apparaît-elle immédiatement évidente ?

Elle l'est dès que l'on commence sérieusement à le lire. Heidegger, on ne comprend pas toujours ce qu'il veut dire, mais chaque fois qu'on le comprend, on saisit que ses métaphores inattendues, ses expressions étranges, ses néologismes apparents lui sont indispensables pour dire ce qu'il voit. Et quand, de temps en temps, on voit à son tour ce qu'il veut dire, on sait qu'il nous faut parler une autre langue.

C'est votre expérience à l'École normale ?

Oui.

Martin Heidegger meurt en 1976. Il vous aurait été facile, comme tant d'autres, d'aller lui rendre visite. Vous ne l'avez pas fait. Délibérément, semble-t-il. Pourquoi ?

C'est ainsi. Par crainte révérencieuse, sûrement.

La biographie a aussi sa part d'ombre dont l'adhésion au nazisme du recteur de l'université de Fribourg-en-Brisgau. Qu'en penser ?

Au sens strict, rien, car il n'y a pas là matière à discuter un fait : Heidegger a été nazi, c'est indubitable et incontestable. Un jour Emmanuel Levinas me souffla : « Heidegger est le plus grand philosophe du siècle, malheureusement il était nazi. » À quoi, je lui répondis : « Oui et là se tient la définition même du nihilisme », c'est-à-dire de la déconnexion entre le vrai et le bien. Il y a des précédents, mais Heidegger en est un cas extrême.

À quels antécédents ou précurseurs pensez-vous ?

À Nietzsche avant Heidegger, à Hegel d'une certaine manière avant Nietzsche, à Leibniz même qui, d'une certaine façon, les annonce.

Puis-je vous faire remarquer que vous ne citez que des Allemands ? Avez-vous un faible pour eux ?

Oui et j'ai même un fort pour Nietzsche. Ce n'est pas ma faute si nos voisins d'Outre-Rhin ont galopé en tête de la course philosophique pendant deux à trois siècles. Nietzsche surtout a vu et décrit le nihilisme dans lequel nous sommes immergés. Ce n'est pas un visionnaire, mais un extralucide qui, de son vivant, perçoit le chaos qui frappe à la porte et qui, il le pressent parfaitement, ira grandissant. Ce chaos où nous nous tenons et duquel la vérité, y compris sous la forme d'une simple et banale notion, a disparu. Comprendre Nietzsche à partir du nihilisme, le saisir pour l'authentique philosophe qu'il est, le resituer dans l'histoire de la métaphysique, c'est Heidegger et nul autre qui nous a appris à le lire ainsi. Sinon, nous en serions restés aux nietzschéismes de parade, hier celui de Wagner ou celui de Hitler, aujourd'hui celui des nietzschéens de droite ou de gauche. Il n'y a rien d'étonnant à ce qu'un tel auteur protéiforme soit récupéré par des bords si différents, la certitude étant qu'il aurait détesté chacune et toutes ces récupérations.

Dans le cas de Heidegger ne pourra-t-on pas vous objecter l'existence des fameux Carnets noirs *?*

Martin Heidegger fut *aussi* imprégné des idées et des préjugés de la droite allemande de son temps. Soit. Mais cela ne fait pas de *Sein und Zeit* un manifeste pré-hitlérien. Martin Heidegger se fourvoie terriblement avec la naïveté imperturbable d'un intellectuel myope, pris par la tentation de jouer dans l'histoire. Soit, mais les nazis, ne s'y trompèrent pas, eux, et eurent tôt fait de le marginaliser. Martin Heidegger s'adonne à d'insoutenables formules antisémites dans les *Carnets noirs*. Soit, mais guère plus qu'il ne fait déjà, tristement, dans *L'Introduction à la métaphysique* et plutôt moins que n'en entasse, dans son *Journal inédit*, truffé d'hymnes au Führer et d'anathèmes racialistes, le très français et très républicain Émile Chartier, dit Alain. Qui, d'ailleurs, a lu en allemand les quatre fois mille pages des *Carnets noirs* ? Je peux dire l'avoir fait pour avoir lu toute l'œuvre de Heidegger. Et je peux également dire, en conséquence, que ceux qui clament que cette œuvre est en soi nazie ne l'ont tout bonnement pas lue. Ce texte, qui contient aussi des réflexions décisives (ne fût-ce que sur Pascal), reste encore, de toute manière, à comprendre.

Comment conclure sur le cas Heidegger ?

Sur le fait que son errance et son erreur devant la montée des totalitarismes restent entières et qu'il faut les condamner sans retour. Sur le fait que l'œuvre demeure et qu'elle demeure ouverte. Dans la période d'après-guerre, où il repart de zéro, Martin Heidegger emprunte des voies qui ne sont pas balisées. Pour m'y être un peu aventuré à sa suite, je sais que nous avons encore des terres inconnues à découvrir.

Augustin et Thomas

Votre relation à Thomas d'Aquin, on vient de le voir, a été pareillement débattue. N'y a-t-il pas un clivage historique au sein de l'Église catholique qui oppose comme irréductibles les deux sensibilités théologiques majeures que recoupent l'augustinisme et le thomisme ?

La division existe, bien sûr, quoiqu'elle soit souvent d'ordre plus idéologique ou sociologique que théologique. L'embarras principal est qu'elle reste formelle et vague. Historiquement, on dénombre en effet plusieurs courants augustiniens ou thomistes, plusieurs vagues aussi de néo-augustinisme ou de néothomisme et la relation conflictuelle que l'on suppose entre les deux camps n'empêche pas qu'il existe également des conflits entre les augustiniens et des conflits entre les thomistes. Il ne faut pas céder à une vision simpliste.

C'est néanmoins Augustin qui retient votre attention et vous passionne, vous nous l'avez dit, dès vos débuts.

Saint Augustin m'éblouit par sa langue mais, surtout, parce qu'il déploie sa pensée en un temps où la théologie et la philosophie ne sont pas séparées. La philosophie n'a pas encore revêtu la figure de la métaphysique, terme que l'on ignora au sens aujourd'hui commun, au moins jusqu'au XIIIe siècle. Indemne en conséquence des chausse-trappes de la modernité, la pensée prémétaphysique d'Augustin redevient audible dans la situation post-métaphysique qui est la nôtre. Tandis que Thomas d'Aquin a été inclus dans la figure de la métaphysique et ce, pas entièrement à tort : le primat qu'il accorde à l'Être sur le Bien parmi les noms divins, le rôle majeur qu'il attribue à l'aristotélisme ont fait que l'on pouvait l'y inclure.

Ne prêtez-vous pas le flanc ici à ceux qui vous reprochent d'être antithomiste ?

Quel malentendu ! Et nourri de préjugés, par-delà ma personne, sur ce que signifie la théologie. Non seulement je ne suis en rien contre Thomas d'Aquin que je reconnais comme saint, mais encore, *scripta manent*, « les écrits demeurent », j'en admets bien sûr le génie. Je considère cependant que l'on a le droit de ne pas tout lui accorder. Pareillement, j'admire et je loue Augustin, mais ne suis pas augustinien, à supposer que le terme ait un sens univoque. Ces définitions exclusives n'ont pas de pertinence, et bien d'autres théologiens ont compté et comptent pour moi. Ce en quoi je n'ai fait que suivre la leçon de l'Église dont l'enseignement ne se réduit à aucune école, même théologique.

Ne diminuez-vous pas l'importance cruciale qu'a eue et que garde le thomisme dans le débat sur la modernité ?

C'est bien là le problème. Au XIXe siècle, afin de rivaliser avec les systèmes philosophiques modernes, la pensée de Thomas d'Aquin a été ficelée et habillée en un système supposé concurrent et concurrentiel d'autres, philosophiques. Ce qui a donné une théologie romaine officielle et obligatoire, censément dotée du pouvoir d'avoir réponse à tout. Ce que l'on nomme le thomisme aujourd'hui, ce sont les restes et les relents de cet immense effort. Il ne rend pas justice à la vraie grandeur de Thomas. Il invite également à s'interroger sur ce volontarisme extrême qui aura visé à conformer la pensée chrétienne au rationalisme alors dominant. La question reste ouverte, mais il n'est pas interdit d'y voir une erreur.

En quoi y aurait-il maldonne ?

Disons qu'un tel néothomisme engendre une impression de sécurité et de certitude comparable à l'assurance que conférait en apparence par exemple le néo-kantisme. D'où la fascination qu'il exerce. Se déclarer thomiste revient à ne pas lire, étudier et comprendre saint Thomas dans sa relation symphonique aux autres théologiens et philosophes, mais à disposer d'un système de vérification présumé autarcique et infaillible. Une totalité qui se tiendrait seule et qui rendrait compte de tout.

L'historien et philosophe du droit Michel Villey a suggéré que l'on peut être thomiste sans avoir la foi. Est-ce cette possibilité que vous dénoncez ?

Laissons de côté Villey chez qui Aristote et Thomas servent à articuler la distinction entre la loi et le droit, afin d'en éclaircir l'usage moderne. C'est là un débat en soi. Sans doute peut-on se vouloir thomiste sans avoir la foi. Le cas existe, on l'a souvent vérifié. Certains théologiens l'ont même justifié. Mais l'Aquinate lui-même ne se savait pas thomiste et avait la foi.

Vous vous référez souvent à Étienne Gilson, cependant. Quelle place lui attribuez-vous dans ce tableau ?

Il y a, en la personne de Gilson, un historien majeur de la philosophie médiévale et un croyant fervent engagé dans la cité. Ce maître du Collège de France s'est montré actif dans la mouvance démocrate-chrétienne du MRP après la Libération et on peut lire avec profit les textes politiques réunis au sein de ses *Œuvres complètes* en cours de publication aux Éditions Vrin. Il ne fut pas un théologien, mais un éclaireur. Et à l'instinct très sûr. Qui fut le premier à affirmer que saint Thomas ne relève pas de la métaphysique au sens historique ? Qui fut le premier à montrer comment les néothomistes introduisent dans leurs exposés des notions que saint Thomas ignorait, telles que le principe d'identité et le principe de raison ? Qui fut le premier à insister sur le fait qu'il faut relire saint Thomas en s'abstrayant des commentaires ultérieurs ? C'est

Étienne Gilson. Et lui savait, mieux que bien d'autres, de quoi il parlait.

Le terme de métaphysique semble tant vous hérisser que cela mérite une explication, ne pensez-vous pas ?

Ce n'est pas le mot qui me dérange, c'est le système que l'on a pris l'habitude d'y entendre. Le mot, saint Thomas ne l'emploie jamais, sinon en référence à la *Métaphysique* d'Aristote quand il s'en fait l'exégète. Il ne s'en sert pas pour désigner une supposée science ou discipline dominante. Aussi, quand quelqu'un renvoie à la métaphysique de saint Thomas, commet-il une erreur de vocabulaire. Au mieux. Car, ce faisant, il induit que saint Thomas se plierait au système, ce qui est faux. La métaphysique, en tant que système, est régie par des principes, dont ceux d'identité et de raison suffisante que je viens de mentionner, et repose sur la certitude que tout a une cause. Or chez saint Thomas, comme chez saint Augustin, Dieu-Trinité n'admet pas d'identité simple et reste sans cause. Il échappe donc à ce que Heidegger nomme la « constitution ontothéologique de la métaphysique », à savoir le fait de confondre Dieu avec l'Être en le réduisant à un étant suprême qui serait à la fois cause de lui-même et première cause de tous les étants. Ce que l'on ne trouvera précisément pas chez saint Thomas. Pour lui, il n'y a aucun rapport de similitude entre l'être inconnaissable de Dieu et l'étant commun connaissable des étants. D'où le recours à l'analogie. Pour lui, l'*esse* divin n'admet aucune cause, à la différence de notre *ens commune.*

À vous suivre, qui est responsable de cette méprise qui manifestement perdure ?

Les théologiens romains de la première moitié du XIXe siècle qui, à la suite de Suarez, ont convaincu le Saint-Siège que le retour à Thomas était indispensable pour mener à bien la guerre philosophique des systèmes. Quitte, donc, à le systématiser. Tous les retours de ce genre ont aussitôt pour inconvénient de se diffracter en courants antagoniques. La discorde fut vite grande entre les néothomistes aristotéliciens de Louvain, stricts de Toulouse, politisés de Lyon, réformateurs de Paris. Les excommunications pleuvent et donnent un vernis de vitalité à l'ensemble, qui ne déborde pas pour autant de l'entre-soi.

ENTRE LA *SOMME* ET LA RÉFORME

N'abondez-vous pas indirectement la tentation qu'il serait bon de tirer un trait sur les cathédrales de la pensée érigées au Moyen Âge ?

Loin s'en faut. Là comme ailleurs je scrute ce qui fait la singularité de la métaphysique. En tant que système, elle se trouve consacrée aux Temps modernes. Voyez Descartes : bien qu'avec des réserves, il avance que tout ce qui est ayant une cause sans exception possible, il faut donc supposer que Dieu se cause lui-même. Et chez Spinoza, il en va de même, sans réserve. Dieu devant être inclus dans le système, le *Deus causa sui* constitue une marque exemplaire de la métaphysique. Or, chez Thomas d'Aquin, tel n'est jamais le cas. Cela le devient une génération plus tard, au XIVe siècle, avec Jean Duns Scot. Par-delà l'opposition convenue entre réalisme et nominalisme que l'on fait dériver de ces deux figures, je note que Duns Scot fut le premier à forcer le terme pour forger le concept de métaphysique en tant que science principielle (d'où ses *Quaestiones super Metaphysicam* qui aboutissent, à la fin du XVIe siècle, aux *Disputationes Metaphysicae* de Suarez).

La faute à celui que la tradition nomme le « Docteur subtil », donc ?

Avant tout à une confusion indue et durable entre des pensées médiévales qui finiraient par toutes s'égaler. Même le jeune Étienne Gilson s'y laisse prendre. En 1913, à côté de son doctorat, *La Liberté chez Descartes et la théologie*, il soutient en thèse complémentaire l'*Index scolastico-cartésien*, un relevé des termes et des concepts médiévaux utilisés dans le corpus cartésien, afin de mesurer l'écart et la continuité de la philosophie moderne avec celle qui l'a précédée. L'idée est bonne ; mais il cite aussi bien, à l'appui de sa démonstration, Thomas d'Aquin que Suarez, le jésuite espagnol qui parachève la scolastique comme si les deux disaient la même chose. Or ce n'est pas le cas. Pour avoir lu Suarez au long cours (et ce n'est pas une promenade), j'ai conclu qu'il n'est pas thomiste mais scotiste, qu'il ne cesse de légitimer Scot en invoquant Thomas et qu'il opère cette substitution avec une mauvaise foi souvent scandaleuse. Si ceux qui se réclament aujourd'hui de saint Thomas lisaient réellement Suarez, ils verraient l'écart. La remarque vaut d'ailleurs pour la manière dont son presque contemporain, Thomas de Vio, dit Cajetan, a revisité la doctrine de l'analogie. Mais cette formalisation indue convient aux plus militants des néothomistes, car elle participe du même désir de systématicité qui les habite et ils la naturalisent.

Poser cette séparation n'empêche pas que vous englobiez une partie de la scolastique, quand bien même en son dernier état, dans votre critique...

Peut-être, mais encore faut-il s'entendre une fois de plus sur le lexique. Le terme de scolastique ne veut pas dire grand-chose. Il est utile pour désigner génériquement une période de l'histoire, un style de démarche, un tour de pensée. Mais il ne correspond certainement pas un corps de doctrine uniforme. En matière doctrinale justement, les Pères conciliaires se montrent plus prudents et avisés que les savants autodéclarés. Trente, le concile au XVIe siècle qui réaffirme l'unité de « la sainte Bible et de la sainte Tradition », selon la formule consacrée, sanctifie-t-il la scolastique ? Mais il ne fait pas mention de l'articulation dialectique entre la Révélation et la Raison. Il ne se prononce pas sur l'analogie de l'Être. Il ne se réfère pas au rapport entre la substance et l'accident pour expliquer la transsubstantiation eucharistique. En bref, il chôme tous les piliers de la reconstruction néothomiste. Et Vatican I, au XIXe siècle, fait de même : la néoscolastique, pourtant à son apogée, n'a pas voix au chapitre.

Traceriez-vous comme certains le font un lien entre Duns Scot, la Réforme et la modernité ?

Direct, sans doute non ; car les carrefours philosophiques ne sont pas des échangeurs autoroutiers. Il faudrait consulter les experts en histoire des idées médiévales et modernes que sont Alain de Libera, Olivier Boulnois et Jean-François Courtine pour établir de telles filiations sans attenter à leur complexité. En revanche, il est sûr qu'il existe immédiatement, concurrente à la scolastique catholique, une scolastique protestante, prégnante dans la sphère calviniste et directement responsable cette fois de l'essor de la métaphysique en tant que système.

N'est-ce pas contradictoire avec les revendications de la Réforme ?

La Réforme se voulait anti-scolastique dans son principe avec Luther et ne le fut pas dans son développement après Calvin et Melanchton. Il y a là un hiatus à méditer.

Est-il abusif de voir dans le schisme qui frappe alors le christianisme européen le passage du Dieu-Être qui fait le monde au Dieu-Volonté qui fait l'Histoire ?

Ce serait une piste, mais la notion de puissance me semblerait alors plus pertinente que celle de volonté. Et leur prévalence dépend d'abord du passage de Dieu à l'Être. Le propre de la Réforme, me semble-t-il, tient en ceci que la question de la charité, autrement dit de l'amour, cesse d'occuper le centre. C'est la question de la justification qui l'emporte, corollaire de l'idée que le jugement de Dieu dépend de sa pure et totale liberté : il y a ceux qui sont depuis toujours élus, ceux qui ne seront jamais élus et malheur à qui croit l'être dans l'ici-bas au risque de ne pas l'être dans l'au-delà. Pourquoi ? On ne sait pas le secret de Dieu. C'est ainsi. L'interprétation de Dieu comme puissance infinie et inintelligible, donc comme puissance arbitraire, favorise par compensation le juridisme, le moralisme et le piétisme. L'idée que ce qu'il n'y a d'univoque entre l'homme et Dieu que l'amour apparaît, à mon sens, étrangère à la Réforme.

Sous quelque forme que ce soit ?

Dans sa posture originelle et dans son attitude primordiale sans doute. Mais on ne saurait faire de la confession de foi un carcan : car si le critère tient à l'adoption du postulat selon lequel la puissance définit Dieu, Malebranche ou les jansénistes semblent, au tournant du XVIIIe siècle, plus protestants que catholiques.

Et à l'inverse, telle ne fut pas la prémisse de Karl Barth ou de Moltmann parmi les théologiens réformés du XXe siècle. Plutôt que de sacraliser un néothomisme d'occasion et d'opportunité comme moyen de la « Contre-Réforme », il vaut mieux se tourner vers l'élan mystique qui rayonne alors face au prosélytisme protestant. Il ne va pas sans dérives, naturellement, mais il est entièrement ordonné à l'idée que l'amour, et non pas la justification, nous lie à Dieu. Les Rhénans, les Flamands, les Carmes, entre autres protagonistes de cette floraison, professent l'univocité de l'amour : nous pouvons aimer Dieu comme Dieu nous aime d'un inégal mais même amour et c'est cette union amoureuse qui nous divinise. Saint François de Sales le proclame et Richelieu ne dit rien d'autre dans son *Traité de la perfection du chrétien*. Le cardinal-ministre de Louis XIII n'est pourtant guère suspect d'effusions sentimentales.

Dans l'ombre du cardinal

Le tournant de 1981, c'est aussi la nomination par Jean-Paul II, le 31 janvier, de Jean-Marie Lustiger comme archevêque de Paris qu'il crée cardinal deux ans plus tard en 1983. Une bourrasque secoue la France.

À tout le moins. C'est la juste expression. Un Juif converti est appelé à incarner l'Église de France dont il se fait non seulement une certaine idée mais aussi une idée certaine. Ce qui me va fort bien.

Qu'est-ce qui lie les deux hommes et éclaire cette promotion inattendue ?

Leur proximité est profonde. Outre l'héritage polonais, elle se nourrit de la primauté de la Bible, de l'expérience des totalitarismes, de la critique des Lumières, de la sensibilité au judaïsme, de l'appel de l'Évangile et de la conviction de la grandeur de Vatican II comme une réponse au désarroi contemporain : tous les deux ont la certitude que la foi est le lieu où Dieu se découvre à la liberté de l'homme et où l'homme renoue ainsi avec l'espérance. Il est sûr que c'est sur la volonté expresse de Karol Wojtyla que Jean-Marie Lustiger s'est trouvé guider une institution, l'Église de France, longtemps rétive à son degré d'exigence.

Sa nomination à un tel poste augure-t-elle d'une prise de distance à votre égard ?

Tout le contraire. Depuis notre première et tumultueuse rencontre, la relation n'a cessé de s'affiner. Avec Maxime Charles, Jean Daniélou, Louis Bouyer, Jean-Marie Lustiger fut présent à notre mariage, Corinne étant sa protégée, dans la sinistre chapelle Sainte-Croix de la Cité universitaire à Antony qui servait alors de cathédrale aux étudiants. Plus tard nous allions à la messe à Sainte-Jeanne-de-Chantal, où il a été affecté. De cette paroisse jusque-là tranquille du

XVIe arrondissement, il fit son laboratoire pour révolutionner la liturgie et la pastorale avec son vicaire l'abbé André Vingt-Trois, l'art sacré avec le sculpteur Jean Touret, la musique sacrée avec l'organiste Henry Paget, l'hymnographie chorale avec le compositeur Alfred Kern, l'enseignement catéchétique avec le père Thomas Kowalski : tout un programme qui préfigurait son épiscopat. Nous l'invitions et l'aidions, avec les amis de *Communio*, à publier un recueil de ses homélies paru sans nom d'auteur chez Fayard en 1977 sous le titre *Sermons d'un curé de Paris*. C'est là où tout a recommencé pour lui. Le voilà bientôt consacré évêque et, après une grosse année passée sur le siège d'Orléans, en 1981, il revient à Paris en tant qu'archevêque de la capitale. Il embauche Jean Duchesne, en fait son secrétaire personnel, le charge plus particulièrement des relations internationales et il me demande de tisser des liens avec les milieux universitaires et intellectuels.

Quelle forme prend votre collaboration auprès du cardinal ?

Nous organisons un séminaire restreint auquel participent quelques habitués et qui s'apparente à de courts colloques où interviennent des pointures dont il se fait l'interlocuteur après les avoir écoutées. Je lui amène Paul Ricœur, Michel Henry, Emmanuel Levinas, Jacques Derrida, Michel Serres, Anne Fagot-Largeault ou Julia Kristeva et Luc Ferry, mais aussi des personnalités du monde scientifique, dont Yves Coppens, le paléoanthropologue du Collège de France : la rencontre entre son Éminence et le père adoptif de Lucy sera particulièrement flamboyante. Il y eut aussi des économistes des banquiers, etc.

Comment lui-même aborde-t-il ces conversations avec des savants d'une telle qualité et renommée ?

Lustiger se montre excellent dans l'exercice. Certes, il n'a pas la moitié des diplômes de ceux avec qui il discutait et ne pouvait tout savoir des différentes disciplines qu'ils représentaient, mais chaque fois il se mettait au niveau, sachant allier la vélocité et l'endurance. Sa discussion avec Derrida, qu'il n'a pourtant pas lu au moment de cette rencontre, me reste un exemple de sagacité.

Lui servez-vous de plume ?

L'aurais-je été que je le tairais, la fonction de *ghostwriter* rimant avec discrétion. Jean-Marie Lustiger ne se laisse rien dicter, *a fortiori* ses écrits. Il sait néanmoins composer avec d'autres. Dès qu'il s'agit d'écrire, cet homme de la parole qui reste entièrement maître du dessin n'hésite pas à emprunter ici ou là une couleur à une autre palette que la sienne. Le cérémonial est immuable. Le cardinal convoque et annonce : « Je dois préparer tel article, telle conférence. Voilà ce que je vais dire et dites-moi vous-même, au fur et à mesure, ce que vous en pensez. Consignez le tout par écrit et rédigez une note que je reprendrai. » Et en effet, invariablement, il reprend l'ensemble, remanie ses idées et ses formules, filtre mes obsessions et mes saillies. Évidemment, si vous trouvez dans un de ses textes une citation de Grégoire de Nysse ou de Pascal, il y a quelque chance qu'il relève de ceux à l'occasion desquels il m'a promu son assistant.

L'attitude que vous décrivez semble corroborer la réputation qui lui sera faite d'être solitaire et intraitable dans ses décisions, ce qui le rendra mal-aimé à la fois des traditionalistes et des progressistes.

Le double rejet que vous mentionnez me semble plutôt un bon signe. Lustiger fut autoritaire, ce n'est pas faux, encore qu'il faille mesurer ce trait de caractère à la situation chaotique qu'il lui fallait affronter. Mais sans verser dans l'arbitraire. Il fut un chef à la manière gaullienne : consulter, puis décider et, une fois l'ordre donné, la troupe doit suivre. C'est aussi un chevalier à la mode médiévale : que l'on défende son intérêt le hérisse, la médiocrité l'insupporte et il froisse à ce titre certains égos, et bien des carriéristes accrochés à leurs grandes ou petites prérogatives et prébendes. Mais il n'aimait pas humilier. C'était enfin un grand patron à la façon de son temps, dont le goût pour l'action suscite des oppositions. Mais s'il les affrontait durement, c'était sans acrimonie. Au fond, il n'y a que l'Évangile qui puisse servir d'introduction à sa psychologie.

Le vent de l'histoire

Revenons au sentiment général : le pape Jean-Paul II, à Rome, et le cardinal Lustiger, à Paris, apparaissent comme inaugurant une ère de restauration pour l'Église. Est-ce aussi le vôtre ?

Restauration ? Non parce que Jean-Paul II instaure un mouvement qui n'existait pas avant lui, parce qu'il invente une nouvelle manière de faire à la fois dans l'ordre de l'analyse historique et de la recherche conceptuelle. Avant lui, il y avait Pie XII, soucieux de la modernité, mais happé par le trou noir d'une guerre totale, inhumaine, exterminatrice, et qui y réagit comme il peut. Il y avait Jean XXIII, inattendu, imprévisible et inspiré au point de convoquer le Concile auquel il ne survit pas. Puis il y eut Paul VI, pris dans la tempête d'une contestation planétaire et qui plie devant elle parce que, d'une certaine façon, il s'y est exposé par manque de tranchant. Jean-Paul II va, lui, faire de l'Église catholique un interlocuteur déterminant sur les problèmes réels que rencontre l'humanité contemporaine.

Son élection n'est-elle pas faite, exactement, pour contrecarrer l'impression pathétique qu'a laissée la fin du pontificat de Paul VI ?

La différence qu'il y a entre leurs visions dépasse les circonstances. Paul VI entretient une relation très positive au progrès. Il assume l'adaptation heureuse à un monde promis au bonheur et professe l'optimisme inhérent à l'humanisme intégral et à la démocratie-chrétienne. Autrement dit, il est le pape d'une confiance spontanée, si ce n'est naïve, volontairement affichée comme telle, dans la modernité et l'idée du bien. Chez Jean-Paul II, prédomine la conscience et l'expérience du tragique. Elle s'enracine dans l'épreuve de l'horreur nazie et soviétique. Elle débouche sur un christianisme de la résistance au mal, mais aussi d'ouverture à l'humanité blessée. Elle a donc l'avantage du réalisme. Du point de vue de l'armature conceptuelle, Paul VI se complaît dans le consensus de considérations déjà reçues portées par une rhétorique appuyée sur les sciences humaines. Jean-Paul II, rompu à la théologie et à la philosophie les connaît pour ce qu'elles sont. Il les pratique et les domine bien. Il pense en première personne.

Dans l'« athlète de Dieu », le « pontife globe-trotter », le « curé planétaire » que célèbrent alors les médias, vous voyez d'abord un philosophe ?

Je vois un pape du concept. Très tôt dans le pontificat, je fus invité à Rome pour participer à un colloque sur la pensée philosophique de Karol Wojtyla. J'avais donc lu tout ce qui était disponible de ses écrits dans ce domaine (sauf en polonais !). Ce qui ne représente pas une petite bibliographie car il avait beaucoup publié, étant régulièrement invité dans le circuit international des universitaires. Je découvris immédiatement que ses textes étaient bons, et ce, en dépit des circonstances pénibles de leur rédaction, de l'atmosphère raréfiée et de la censure stérilisante qui ont encadré ses travaux. Il suffit de lire les pages où éclate sa passion pour Husserl et sa connaissance de Scheler et de la phénoménologie. Voilà un penseur sérieux, me dis-je, ce qui change considérablement la situation. Et, ce qui ne gâche rien, quelqu'un un peu de chez nous, rompu à la pensée théologique française, connaissant fort bien Lubac, Daniélou, Congar.

Va-t-il être pour autant bien compris en France ?

Jean-Paul II aimait la France comme seul un Polonais peut se le permettre. Il va réveiller la fille aînée, mais très ensommeillée de l'Église en France dès sa première visite au printemps 1980. Ce fut le fameux « France, qu'as-tu fait de ton baptême ? », lancé à la messe du Bourget. Dans la foulée, Jean-Marie Lustiger fut parachuté sur Notre-Dame. Un dialogue de fond, avec ses hauts et ses bas, débute entre Rome et les Français. Il a sa part de piété chez le pape, qui n'ignore rien de la grande école française de spiritualité. Mais là encore, la conceptualité prédomine. Dans les années suivantes, l'impact des encycliques de Jean-Paul II à tonalité philosophique, *Fides et ratio*, « Foi et raison », ou *Veritatis Splendor*, « Splendeur de la Vérité », encore plus décisive à mon sens, va se faire sentir dans les milieux intellectuels. Elles illustrent le pouvoir du concept contre la stérilité du nihilisme. Ce qui change radicalement la donne : être un catholique et avoir une pensée peuvent aller de pair. Et cela réussit. Jean-Paul II se montre en phase avec les indifférents, les distants, même les opposants. Il rallie une multitude de gens à la primauté inconditionnelle de la liberté.

Le pape venu de l'Est est aussi, on l'oublie peut-être aujourd'hui, le protecteur de Solidarnosc, la fédération de syndicats « Solidarité » qui va embraser la Pologne...

Lustiger est là, lui aussi, et compte dans cet extraordinaire renversement. À Gdansk, Katowice, Lublin, Cracovie des ouvriers défilent en brandissant des icônes et, cette fois, les tanks n'y pourront rien. Lui-même vit personnellement chaque seconde de cette révolution dans la révolution.

Aussi important que vous paraisse l'évènement, en demeurez-vous le spectateur comme vous l'avez été de mai 68 ?

Évidemment que non, cette fois l'affaire est sérieuse ! Les rédactions de *Communio-France* et de *Communio-Pologne* étant intimement liées et *Communio-Pologne* étant inséparable de *Solidarnosc*, nous fûmes plongés au cœur du réacteur. Je fais moi-même plusieurs fois le voyage à Varsovie, partant à la rencontre de Bronislaw Geremek et de Tadeusz Mazowiecki. J'entre aussi en relation avec le prêtre et philosophe Josef Tischner, l'ami personnel de Karol

Wojtyla, intellectuel de métier et universitaire de profession, aumônier officieux du syndicat et auteur du manifeste *Éthique de Solidarité* (dont nous assurerons la publication aux Éditions Critérion). Aux pires heures, lorsqu'il n'y aura plus que l'Église pour soutenir le mouvement réduit à la clandestinité, nous aiderons à Paris en participant très activement aux « Comités Pologne », et à des convois qui vont soutenir les paroisses polonaises, donc *Solidarnosc*.

Vous vous faites donc passeur en sautant par-dessus le Rideau de fer ?

N'exagérons pas, car je restais sans grand mérite au regard de celles et de ceux qui, de l'autre côté, ont ouvert la brèche au péril de leur vie. L'émergence de « Solidarité » annonce, une décennie plus tard, la chute du Mur de Berlin. J'avais ainsi sous les yeux la confirmation expérimentale de ce que j'ai toujours pensé et affirmé, à savoir que la spiritualité résiste le mieux en temps d'épreuve, resurgit en premier par temps de crise, perdure quand tout le reste semble perdu. Les dissidents, quand bien même ils se croient athées, le savent de première main. Ils sont de ce bord-là. C'est pourquoi la fin du communisme constitue la clé d'interprétation et une validation de Vatican II, que d'aucuns cherchaient sans la trouver.

Mais, précisément, le pape qui a encouragé « Solidarité » ne va-t-il pas prendre opportunité de ce renversement historique pour recentrer la compréhension du Concile sur la centralité du magistère ?

C'est l'idée que distillait Hans Küng, qui fut le compagnon d'études et le collègue de Joseph Ratzinger dans sa jeunesse, avant de prendre un chemin opposé. En s'entêtant à alimenter la controverse avec Rome, à rendre ses différends artificiels à force de leur donner un tour personnel, il finira par endosser la pose du théologien trop moderne pour n'être pas sanctionné (ce qu'il ne fut d'ailleurs pas). Mais, entre-temps, sa modernité revendiquée prit un sérieux coup de vieux. Ce potentiellement bon théologien devenu trop polémique, aurait pu mieux servir l'Église conciliaire. Le Concile ? Wojtyla y avait réellement participé et il le comprenait bien, mieux dans tous les cas que Küng. La clé du Concile ? Elle ne réside pas dans l'impératif qu'aurait l'Église de s'ouvrir au monde, de s'enfouir dans le monde, de se dissoudre au sein du monde, vision théologiquement vaine. Mais cette vérité apparaît en pleine lumière lorsque l'Église, en tant que communauté spirituelle, contribue à redéfinir l'espace politique, l'épaisseur temporelle, le moment historique, comme une expérience de libération. Ce qui se passait d'abord dans la Pologne de Wojtyla face au plus grand et au plus implacable des empires que la Terre ait portés, pouvait advenir ailleurs. L'impulsion que Jean-Paul II donna, et tant pis pour ceux qui s'obstinent à nier l'évidence, découle de Vatican II. Elle ne vise pas une restauration par le haut, mais une instauration par le bas.

Figures contemporaines

Dans le paysage intellectuel français, vous faites office de référence en matière de catholicisme et, plus largement, de christianisme. Vous semblez toutefois vous défier de cette position.

Pour ce qui est de ma place dans l'Église, elle m'apparaît se trouver derrière le dernier pilier de la plus petite des chapelles. Je fais mien ce précepte ni par forfanterie, ni par coquetterie, mais par simple lucidité. Quant aux cases dans lesquelles les élites parisiennes aiment ranger ceux qui ont pour métier d'écrire, je les ignore. Être transformé en statue de sel ou en figurine de timbre en échange d'une rente symbolique peut être confortable, mais empêche la liberté que requiert la recherche.

Parmi vos contemporains, il est cependant deux penseurs qui vous semblent apparentés. Ce sont Michel Henry et Jean-Louis Chrétien. À quel titre ont-ils compté pour vous ?

Je suis heureux que vous évoquiez la mémoire de ces deux éminents philosophes, de ces deux phénoménologues inventifs et de ces deux remarquables croyants dont le rayonnement ne cesse en toute justice de grandir. Ils encadrent chronologiquement ma biographie, si je puis dire. De vingt ans mon aîné, Michel Henry était déjà un penseur consacré au moment où je commençais à publier et il avançait déjà sur la voie de la conversion qui sera tardivement la sienne. D'une petite décennie mon cadet, Jean-Louis Chrétien qui fut mon élève, demanda à recevoir le baptême au moment de son agrégation. Ce furent des amis proches. Intelligents, érudits, affectueux, ils m'ouvraient des perspectives conceptuelles, m'aidèrent humainement et prouvèrent, chacun à sa façon, être vraiment plus chrétiens que moi. On me rétorquera qu'il n'est pas sensé d'établir des hiérarchies dans ce domaine ; mais tel reste mon sentiment alors que tous deux nous ont quittés. Leurs morts n'ont pas effacé notre compagnonnage.

Mais il vous arrive aussi d'avoir la dent dure. C'est le cas avec Marcel Gauchet, le théoricien du désenchantement du monde, de la fin du christianisme et de l'avènement démocratique.

En général, j'essaie de rester amène, mais de temps en temps il arrive que je cède à mon intempérament. Oui, il est un laïcisme sous couvert d'humanisme, qui se montre buté jusqu'à l'absurde et qui m'exaspère. Oui, je m'étonne toujours, au point d'en être irrité, que des gens aussi intelligents que Marcel Gauchet (et d'autres) restent les pieds coulés dans le lest de leurs fausses certitudes. Oui, quand Gauchet affirme que le christianisme est voué à s'effacer avec l'ensemble des autres religions historiques au bénéfice d'un règne universel de la démocratie, qui relève du matérialisme eschatologique, je juge ce schéma aberrant. Les nations et les empires s'écroulent, les idéologies aussi, quant aux imaginaires collectifs n'en parlons pas. Leur volonté acharnée de survivre reste sans effet sur leur fin programmée. Leur rêve d'éternité creuse leur tombe. Certes, à vue humaine, l'Église ne devrait pas exister. Or, puisqu'elle existe, alors qu'elle aurait dû avoir depuis longtemps disparu, ne serait-ce que sous l'une ou l'autre des vagues de persécution qu'elle a subies ; puisqu'elle n'a pas disparu et qu'elle n'a cessé au contraire de se renouveler, il faudrait au moins lui reconnaître une vitalité qui n'est pas de ce monde. La vérité est que l'Église vit depuis toujours au-dessus de ses moyens, car lesdits moyens ne sont pas les siens, mais ceux du Saint Esprit et que, sans, lui, elle serait enterrée depuis longtemps.

Un autre de vos contemporains avec lequel vous entrez en dialogue est René Girard, penseur chrétien s'il en est. Quel bilan tirez-vous de son œuvre ?

Trouver une seule vérité dans le domaine de la pensée suffit à justifier d'attester une œuvre et l'admiration qu'on lui doit. C'est ici le cas. J'ai donc lu René Girard, participé à des colloques, écrit sur René Girard et débattu avec lui. Il a pour lui l'invention du désir mimétique comme l'origine de la violence. Il sait la penser et l'illustrer même si, à l'appliquer à tous domaines, il donne un signal dérangeant sur la systématicité de son entreprise. Mais il excelle dans le commentaire littéraire, se révèle déterminant dans l'apurement de la vulgate freudienne et dessine une voie d'accès détonante au mystère de l'eucharistie. C'est un penseur important mais dont la force reste apologétique.

Important mais pas essentiel, Girard ? La distinction nécessite d'être éclaircie car elle semble sévère.

Elle ne l'est pas. La limite de René Girard, qu'il pose lui-même, tient à ce qu'il se voulait non pas philosophe mais anthropologue. Il se concevait comme l'apôtre d'une discipline scientifique à ses yeux rigoureuse. Ce qui lui obture la vue lorsqu'on veut décrire une vérité « cachée depuis la fondation du monde », car la violence n'est pas l'origine, mais une des conséquences du Mal ou du Malin, l'« homicide depuis le commencement » ainsi que le qualifie Jésus. Pourquoi la rivalité mimétique produit-elle de la violence ? Cela Girard ne l'explique pas. Il explique seulement comment le mécanisme mimétique convainc les deux rivaux qu'il n'y a de la place que pour un seul. Mais cela, c'est Hegel qui, le premier, l'avait décrit dans la *Phénoménologie de l'Esprit*, sous les traits de la dialectique du maître et de l'esclave. Pour parler à la manière des alpinistes, la découverte de Girard est accrochée haut à une belle paroi, mais où pend une corde qui monte bien plus haut encore et dont, faute de s'y être intéressé, il ne s'est pas servi. Elle l'aurait mené sur un pic où figurent en amont Pascal, en aval Levinas qui lui auraient fait mieux décrypter pourquoi chacun ne pense qu'à soi, le soi comme possession de soi.

Cette corde, vous me la tendez en citant son nom. Emmanuel Levinas, en quoi est-il important par lui-même et pour vous ?

Son importance ? Mais elle est cruciale ! Il fut le penseur qui, au sein du courant phénoménologique, mit l'éthique au premier rang en postulant qu'elle offre un mode unique de manifestation. Qu'est-ce que cela signifie ? Que si vous désirez qu'autrui apparaisse sous vos yeux, vous ne verrez l'autre comme tel que si vous modifiez votre regard pour permettre cette rencontre. Cela, c'est ce que la condition juive sous la barbarie nazie lui a fait comprendre à la manière d'un négatif photographique : face à un S.S. qui vous traite d'*Untermensch* pour vous rendre esclave et vous animaliser, vous disparaissez de l'horizon humain. Il faut donc regarder l'homme autrement, comme l'autre homme, l'homme autre, selon l'éthique. Mais Levinas démontre philosophiquement cet impératif en l'inscrivant à la suite de Husserl et en le déroulant contre Hegel. La brèche qu'il ouvre est libératrice. C'est l'événement de *Totalité et infini*.

Ne pourrait-on pas dire la même chose du protestant Paul Ricœur dont vous avez hérité la chaire à Chicago ?

Il nous avait donné auparavant l'honneur et la joie de participer au recueil intitulé *Phénoménologie et Théologie* que nous publiions avec Henry et Chrétien en 1992. Il nous avait oints alors de l'amitié et de l'humilité qu'on lui connaît. Quant à son œuvre, elle est d'une rare intelligence, mobile. Ricœur montre avec une exceptionnelle subtilité et virtuosité que tout texte vaut d'être interprété, que tout texte interprète son interprète et que tout texte ne laisse de choix à son lecteur que celui de l'interprétation. Il théorise la traduction comme la source et la finalité des différentes activités humaines et en dévoile la dynamique dans nombre d'entre elles, sans jamais céder à la facilité du système. Impeccable ! Mais il ne libère jamais que des questionnements classiques dans des domaines répertoriés, là où la libération qu'apporte Levinas découvre des territoires inconnus.

Si, bien sûr, il ne s'agit pas de l'annexer, l'œuvre d'Emmanuel Levinas ne se caractérise-t-elle pas aussi par une grande ouverture au christianisme ?

Lui-même ne l'a jamais nié et c'était déjà le cas chez ses précurseurs, tels que Franz Rosenzweig ou Martin Buber. Dans certains de ses textes d'avant-guerre, Emmanuel Levinas va jusqu'à écrire que les Juifs ne pourront survivre qu'à l'ombre de la Croix. Mais plus tard, lorsqu'il m'arrivera d'en parler avec lui, je comprendrai, et cette réserve m'ira sans difficulté, qu'il n'entend surtout pas qu'on le considère comme un chrétien qui s'ignorerait. Pas plus qu'il ne veut qu'on réduise les chrétiens à des juifs d'occasion, incapables de souscrire aux commandements de la Thora. C'est une bataille pour la spécificité qu'il mène, la sienne et celle de l'autre. Mais il est évident que ses principaux détracteurs proviennent du judaïsme.

D'où son attachement à ses lectures talmudiques ?

Oui, mais là encore sans barrières. Je tiens l'anecdote qui suit de la philosophe Catherine Chalier, spécialiste de la pensée juive et elle-même convertie au judaïsme. Un jour, alors que je dissertais en public de Levinas devant Levinas, tout en critiquant Levinas, lui-même m'applaudit avec une mine réjouie. Surprise par son enthousiasme, Catherine Chalier, assise à son côté, lui souffle : « Mais, enfin, c'est en chrétien que Marion vous reprend… » Levinas bredouille un vague « oui, oui, bien sûr », qui ne satisfait pas son accompagnatrice : « Vous voyez bien qu'il lui manque le Talmud selon l'une de vos expressions favorites. » Et Levinas de lui répondre : « Ah, mais là ce n'est pas pareil, il a son Talmud à lui. Ce sont les Pères de l'Église. Et il les talmudise ! » Une réplique mais qui en dit long sur l'*éthos* incarné de sa pensée, la priorité de l'autre.

Les mœurs et l'Église

Parlons maintenant des crises, scandales et débats qui agitent le monde catholique et par-delà. Pourquoi n'intervenez-vous pas ou peu sur ces sujets ?

Ni sur ceux-là, ni sur d'autres. Je n'en ai ni le souci, ni l'occasion, ni la charge, ni l'autorité. Peut-être faudra-t-il que je le fasse un jour, si l'urgence ne m'en laisse pas le choix. Aujourd'hui, il se trouve assez de gens talentueux et désireux de descendre dans l'arène pour que je puisse consacrer mon temps à écrire, sans avoir à ruminer pourquoi je m'en tiens éloigné.

Vous ne pouvez pas cependant demeurer insensible aux affaires d'abus sexuels sur mineurs qui ravagent l'Église. Comment vivez-vous cette situation ?

Qu'il y ait des pédophiles au sein de l'Église et dans le clergé est infiniment triste, mais pas surprenant. L'enfant de chœur que je fus dans les années 1960, l'enseignant que je fus à Poitiers, Nanterre et la Sorbonne puis à Chicago dans les années 2000, le conférencier que je suis entre-temps à Dublin, Cologne, Iasi, Rio ou Rome a eu vent de ces turpitudes. L'ampleur des révélations qui s'accumulent n'en est pas moins affligeante. Aujourd'hui, les victimes ont conquis le droit à la parole et c'est tant mieux. Rome les suit et, aussi amer que soit l'établissement de la vérité, il est en cours. Rien ne l'arrêtera. La « tolérance zéro » que prescrivent d'une même voix les papes Benoît et François ne relève pas des éléments de langage pour temps de crise : elle est conforme à la parole du Christ dans l'Évangile : dire au mal en face qu'il est le mal.

L'énormité du scandale ne peut-elle heurter et inquiéter les consciences jusqu'à les détourner de l'idée de Dieu ?

Pourquoi voudriez-vous que les méfaits des hommes discréditent Dieu ? Ma quiétude à son égard demeure intacte. Je ne suis pas inquiet pour lui, je suis inquiet pour nous.

Dans un autre registre, l'homophilie et l'homosexualité qui semblent fréquentes dans l'appareil du Saint-Siège et au sein de la Curie sont nécessairement apparues choquantes.

À l'aune de la petite connaissance que j'ai du Vatican, c'est là un tableau crédible. Cette dérive est d'autant plus malheureuse que l'état ecclésiastique suppose le dépassement de sa propre condition, quelle qu'elle soit. Vous pourriez aussi mentionner les affaires de corruption et d'argent, non moins, voire plus embarrassantes. On est en droit de penser que la spoliation du pauvre est autrement scandaleuse que des amours transgressives mais consentantes. Tout cela doit-il surprendre, choquer ? Ou est-ce le lot de n'importe quel centre de pouvoir au cœur de n'importe quelle institution importante ? On ne peut laisser cette question jachère, mais à ceux qui réclament plus de contrôle, je réponds qu'il nous faut d'abord plus de théologie. Et de théologie vécue.

Comprenez-vous toutefois l'indignation que soulèvent ces révélations et les polémiques qu'elles suscitent ?

L'indignation manifeste dans ce cas une forme de révérence négative. En visant singulièrement l'Église, elle signifie aussi le mieux que l'on attend d'elle. On lui pardonne d'autant moins. Et à juste titre.

Qu'elle fait la morale ?

Elle ne la fait pas ou quand il semble qu'elle la fait, il y va de tout autre chose. Mais c'est effectivement la représentation triviale de l'Église. Or, même à ce simple degré où on lui attribue le devoir de moraliser, de se vouloir moralement exemplaire et d'avoir à se reconnaître encore plus fautive lorsque ses clercs se rendent coupables d'immoralisme, l'Église souffre d'une distorsion de perception. Loin de moi l'idée de diminuer et encore moins d'excuser les crimes de certains clercs, mais le phénomène doit être replacé dans le contexte des mœurs contemporaines. Cette atroce tragédie étreint la société dans sa totalité et aucune des institutions dévolues à l'enfance n'en est exempte. Le lecteur quotidien de *L'Équipe* que je suis sait que toutes les formes d'abus et de chantage sexuel sont répandues dans le monde du sport presque entier, parfois avec la complicité des parents qui, pour favoriser la carrière de leur progéniture, ferment les yeux. Le monde des arts, qu'il s'agisse du cinéma ou de la danse, connaît également ce fléau. De même, on le découvre, dans le milieu des syndicats lycéens ou estudiantins, des partis politiques, de l'entreprise, etc., pourtant parés des attributs de la vertu et du progrès. Aucune de ces institutions ne prétend, il est vrai, à un magistère spirituel, mais aucune, non plus, n'égale en visibilité, globalité et centralité l'Église catholique qui, depuis Rome, rassemble un milliard et demi de fidèles sur les cinq continents. Cette remarque vaut également pour les autres corps religieux, la plupart étant moins fournis ou moins structurés, moins identifiés ou moins exposés. Mais qui y cherchera les mêmes maux les y trouvera.

N'y a-t-il pas eu, dans les années 1970, un fléchissement inconséquent de l'Église sur ces questions ?

Bien sûr. Après 1968, l'Église se sent sommée de redécouvrir la sexualité, notamment sous l'accusation d'avoir endossé le puritanisme qui a triomphé au XIXe siècle et ce, même si au cours de sa longue histoire, elle n'a cessé de le contredire par l'esprit et la lettre. Plutôt que de se remémorer et d'offrir ces trésors, elle s'est parfois rendue au monde et a pactisé avec l'inacceptable. C'est l'époque de la confusion des causes. Aux revendications féministes ou homosexuelles, se mêlent des considérations sur la sexualité infantile, le désir et le plaisir des enfants. Jusqu'à la sainte laïque de la psychanalyse qu'est François Dolto qui participe de cette pseudo-libération et des pétitions hallucinantes d'aveuglement qui rassemblent d'éminentes signatures. Des chrétiens empressés, de ne plus l'être, emboîtèrent le pas. Ces alliances controuvées n'ont plus cours aujourd'hui et l'heure est à dresser le dur bilan du sinistre. Entre-temps, Wojtyla, Ratzinger et, à son rang loin derrière, votre serviteur se seront efforcés de restituer à la sexualité sa véritable grandeur à la lumière des Pères de l'Église.

Vous diriez-vous satisfait, alors, de l'état et du positionnement de l'Église en ce domaine ?

Je note d'abord que l'Église catholique a pour particularité non pas d'être dépourvue de tout linge sale, mais de s'être dotée d'une puissante machine pour le laver. Je note ensuite le risque qu'elle prend pour que du linge encore douteux ne ressorte pas de ce lessivage et n'entache injustement aux yeux du monde une entreprise d'assainissement, qu'elle est la seule institution à mener avec une telle détermination. Je note enfin qu'il ne s'agit pas de la féliciter lorsqu'elle se montre fidèle à sa vocation, mais quand elle lui devient infidèle de s'en sentir insatisfait.

L'Église affronte d'autres sujets moins scandaleux mais aussi clivants, dont l'ordination des hommes mariés à la prêtrise. Y êtes-vous favorable ?

C'est une option qui peut se défendre, la question ne relevant pas du dogme. Mais ce n'est pas une recette miracle. Elle ne résoudra pas le problème des vocations, sinon les protestants auraient abondance de pasteurs. Elle n'abolira pas la précellence du célibat, sinon les orthodoxes auraient un épiscopat marié. Et que les prêtres séculiers fassent des vœux de type monastique constitue une force extraordinaire pour le clergé catholique. Je ne vois donc aucun avantage à un raisonnement à courte vue. Il a en revanche pour désavantage d'induire une vision faussée de l'ecclésiologie : le prêtre n'est pas un fonctionnaire du culte au service de la communauté, mais il est le célébrant de l'eucharistie qui fonde la communauté dans son existence même.

Vous serez donc d'autant plus réticent devant la question de l'ordination des femmes, n'est-ce pas ?

Oui, je suis plutôt de l'avis de L. Bouyer sur ce point. On veut faire plier l'Église sur des considérations sociétales qui ne sont pas des revendications théologiques et qui constituent des contresens historiques. Le catholicisme serait-il patriarcal ? Mais en Méditerranée, sous l'Antiquité, le patriarcat dominait chez les païens qui favorisaient pourtant toutes sortes de féminisations de la divinité et confiaient aux femmes d'importantes fonctions sacrées. Ishtar et Isis, Aphrodite et Junon avaient leurs prêtresses. Seuls les Juifs faisaient exception, ce à quoi le Christ n'a rien changé. Quant à la demande d'égalité que brandissent les féministes, légitime sans discussion dans la sphère temporelle, elle repose sur une confusion sur la sphère spirituelle. On voudrait que l'évêque, le prêtre, le diacre partagent avec elles leurs pouvoirs présumés. Mais supposer que l'Église repose sur l'exercice du pouvoir dénote une conception non seulement archaïque de la religion, mais aussi contraire à la foi. Le sacerdoce reste un ministère, pas un magistère. Or ce que veulent les féministes est le magistère. Ce faisant, il est curieux que l'égalité qu'elles réclament soit celle de l'appétence du pouvoir qui, précisément, trahit la vocation et la vie de l'Église. Et, en conséquence, on voudrait partager un mésusage du pouvoir dont il est à redouter qu'il ne se distingue pas de celui des hommes.

Pour nombre de sociologues, les grandes manifestations « pour tous » ont sonné le glas de l'influence du monde catholique sur la société française et scellé son statut de minorité. De quoi vous contrister ?

Cela ne me navre pas. En rien. Pourquoi les chrétiens réussiraient-ils mieux que le Christ ? D'une part, quand les catholiques sont majoritaires, ils tendent à construire et à imposer des modèles politiques, le résultat étant invariablement contre-productif pour l'Église. D'autre part, lorsque les catholiques se veulent influents, ils cherchent à plaire, ce pour quoi ils ne sont pas faits, et cessent peu à peu de l'être, biffant ainsi la singularité de l'Église. Enfin, puisque vous vous référez implicitement à la PMA, la GPA et autres bouleversements de la filiation, il ne suffit pas d'édicter des législations pour qu'elles prennent force de loi : le calendrier révolutionnaire de l'an II n'aura pas duré une décennie. La vraie question est de savoir comment nous allons transmettre la culture française aux jeunes Français d'aujourd'hui et de demain. Je ne pense pas que ceux qui refusent toute norme anthropologique issue de la tradition et de l'histoire au nom de leur propre volonté de normalité anomique en seront capables. Je pense que le modèle éducatif catholique aura son mot à dire. Au cours du haut Moyen Âge, après les invasions barbares, les studiums des monastères ont su insuffler un style de vie, matériel et spirituel, qui a été suivi non pas parce qu'il engageait une loi, mais parce qu'il transmettait la foi.

Avez-vous une considération à ajouter sur ces sujets ?

Oui, que j'espère n'avoir pas trop failli au cours de cet examen improvisé de droit canon auquel vous m'avez soumis.

L'illusion des valeurs

Le champ politique, longtemps porteur d'espérance, paraît aujourd'hui souffrir lui aussi de désaffection. Pourquoi ?

On le dit et le répète assez, il manque aux politiques contemporains le sens de la durée et le sens du tragique. Ils n'ont ni l'un ni l'autre, c'est vrai. Mais la conscience de l'ampleur de la crise qui est la nôtre fait pareillement défaut à la philosophie.

La théologie souffre-t-elle de la même carence ?

« Le ciel est la limite » : cette formule américaine, *The sky's the limit,* est employée à tort et à raison au point de friser le ridicule. Elle ne vaut pour aucun des savoirs humains, sauf pour la théologie. Elle seule, lorsqu'elle est authentique, nous introduit à un point de vue qui, par définition, n'est pas le nôtre. C'est parce qu'elle vient de très haut qu'elle peut viser très haut.

Mais alors que partout la religion revient en politique, l'impasse cognitive si française sur le fait religieux ne représente-t-elle pas un handicap pour nos gouvernants ?

Bien sûr. C'est là un blocage ancien qui, pour ma part, ne m'affole pas. Il constitue aujourd'hui, c'est certain, un anachronisme. Nous en avons déjà évoqué le mécanisme : le champ rationnel s'étant défini par les principes *a priori* de l'espace et du temps qui conditionnent l'objet de connaissance, on a cru longtemps en exclure ce qui n'y répondait pas, se révélant ainsi pour la pensée une matière inexistante ou optionnelle. Fort bien. Mais désormais que la logique renonce à se vouloir mathématiquement fondée, que la physique admet qu'elle ne sait définir ni l'espace ni le temps, que la philosophie déclare qu'elle ignore ce que signifie l'expérience dans l'espace et dans le temps en l'absence de concepts *a priori* de l'un et de l'autre, s'effacent alors les frontières établies, dont on ne sait plus d'ailleurs de quel droit elles ont été ainsi fixées. Quand, de surcroît, des gens sensés montrent qu'il est différents langages, lesquels sont en apparence cryptés et en réalité irréductibles, qu'il est diverses expériences, lesquelles ont un autre sens qu'il n'y paraît ou qu'on leur prête, une herméneutique se rétablit, dont on ne voit pas de quel droit elle ne pourrait pas s'appliquer au fait religieux. Des débats présentés vieux comme le monde, mais à l'histoire somme toute récente, ne tiennent donc plus.

Vous réjouissez-vous de cet enfoncement des lignes ?

Comment pourrait-il en aller autrement ? J'ai été élevé dans cette distinction abusive, parce que prétendument étanche, entre ce qui est rationnel et ce qui est irrationnel. Qu'elle finisse par sauter coïncide avec le souhait inné qui m'habite depuis toujours. C'est une victoire. À la condition toutefois d'y voir moins une défaite de la *ratio* qu'un triomphe du *logos*.

N'est-il pas vrai cependant que ce renversement a aussi occasionné, dans la sphère politique, une invasion et une inflation de la notion bien vague de valeur ?

Depuis des années, je le répète publiquement et en vain à qui veut l'entendre et personnellement aux représentants de nos élites : le mot *valeur* renvoie au nihilisme et l'usage du mot *valeur* accroît le nihilisme. Mais tous nos politiques, sans exception, continuent de l'employer et de le suremployer. Ce qui est scandaleux, car se référer à la valeur ne revêt aucun sens en dehors de l'univers financier et boursier où elle est synonyme de fluctuation. Le propre de la valeur est en effet de n'en avoir aucune par elle-même.

En quoi cet emploi représente-t-il un signe du nihilisme ? N'est-ce pas lui accorder, pour le coup, trop de valeur ?

Il en offre l'indice majeur. Nietzsche l'a très bien expliqué : si, au bout du compte, toute réalité manifeste la volonté de puissance, toute réalité vaut ce que la volonté de puissance reconnaît en elle. Tout est évaluable et tout est évalué, tout monte et tout descend, tout est indexé sur le cours des choses et suspendu à la volonté montée en puissance. Donc dire que Dieu est source de valeurs ou que la foi est une valeur revient à proférer un blasphème.

Métaphoriquement ?

Littéralement.

Et invoquer les valeurs de la France, de la République, du Peuple, du Parti ?

De même, mais un cran en dessous dans l'impiété, c'est une grossièreté de parole que de recourir systématiquement à ce mot insignifiant. Le tic est accablant pour nos gouvernants qui ne comprennent même pas en quoi se réfugier derrière le terme parasite de valeur mine leur autorité, puisque des valeurs, tout-un-chacun prétend en avoir, croit qu'il les détient et préférera toujours les siennes à celles voulues par les autres. D'où la question inévitable de savoir si « nos valeurs » européennes se peuvent exploiter ailleurs, hors de notre sphère d'influence.

Certains de nos dirigeants se flattent cependant d'avoir reçu une éducation philosophique ou côtoyé des philosophes. Vous ne leur en faites pas crédit ?

On ne saurait confondre la fréquentation d'un penseur et une initiation à la pensée. Nos dirigeants se satisfont de peu pour eux-mêmes et, partant, de moins que peu pour nous. Leur inculture philosophique devient un problème politique. Ils estiment décisives les tendances des sondages. Ils considèrent suffisants les slogans des communicants. Ils jugent presque inutile de penser pour discourir. Aussi ce mot de *valeur* les rassure-t-il. Il comble un vide, le vide de pensée.

La crise sanitaire que le coronavirus a causée à l'échelle planétaire n'a-t-elle pas mis en plein jour cette vacuité ?

Entre autres. Voilà une crise qui se dérobe, de bout en bout, à nos catégories habituelles. Ce n'est pas une crise que l'on puisse ranger dans une case géopolitique, politique, financière, économique, technologique ou sociale. Cette crise ne découle pas d'une guerre entre nations, d'un affrontement de classes, d'une pénurie de biens, d'une démesure industrielle ou d'un délire collectif. Elle ne relève pas des sataneries ordinaires. Elle n'est pas matérielle, mais immatérielle. La crise que nous vivons est éthique, au sens où l'entend Levinas. C'est-à-dire qu'elle sape le rapport à autrui. C'est une première. Le mal était latent, mais la globalisation aidant, il touche désormais de plein fouet l'humanité entière.

Politiques, scientifiques, journalistes ont dit tout et son contraire sur la pandémie de la Covid-19. La philosophie n'a-t-elle pas un mot à ajouter et si oui, lequel ?

La crise qui a éclaté en 2020 remonte à plus loin. La sidération qu'elle cause s'explique par notre insouciance face à ses signes annonciateurs. Ses effets appellent un commentaire en trois temps selon qu'on la considère du point de vue des corps, des esprits ou des cœurs, comme le dirait Pascal, expert s'il en est en confinement. Dans l'ordre corporel, les dommages économiques sont quantitativement plus considérables que les pertes humaines. En masse et en proportion, le cumul des décès par contamination est sans rapport, heureusement, avec les hécatombes des pestes et choléras d'antan. D'où un bien étrange paradoxe. Comment justifier la mise à l'arrêt de la société mondiale ? Qu'est-ce qui se joue derrière cette soudaine paralysie ? Est-ce la mort qui la déclenche ou la peur de la mort ? Or, dans l'ordre des esprits, la lutte contre la peur contagieuse de la mort entraîne des conséquences elles aussi paradoxales. La moindre n'est pas que, dans l'idée de protéger la société, on en vient à défaire le lien social. Hier, on construisait des asiles pour séparer les malades, afin de leur garder un lieu de vie, tout en préservant de la mort les bien portants. Aujourd'hui, on vous intime de rester cloîtrés à domicile et de vivre séparé des autres, y compris de vos proches, afin d'assurer leur survie et la vôtre. Et là on touche à l'ordre des cœurs : la personne que l'on veut épargner, chérir, sauver, il faut s'en éloigner. Autrement dit, le devoir moral de soutien à autrui se transforme en commandement de l'abandonner. Et, de dérive involontaire, l'atomisation du lien social se change en conduite volontaire. Le soin politique aboutit à renforcer le mal général.

Par quel exemple concret illustreriez-vous l'inversion que vous décriez ?

Voyez la devise nationale. La liberté ? Elle est restreinte. L'égalité ? Elle est remisée. La fraternité ? Elle est renversée. Quand le chef de l'État déclare que les valeurs de la République vont nous sauver, je ne sais s'il mesure exactement ce qu'il dit. Je pense, je crois, j'espère qu'il ne le mesure pas parce que, dans ce cas…

On dira de lui qu'il est un comédien.

Nous sommes tous des acteurs. Non, dans ce cas, il s'agit d'un déni de réalité, ou plutôt d'irréalité. D'un mensonge objectif quoique peut-être involontaire.

Les conséquences néfastes de la crise que vous venez d'énumérer vous paraissent-elles irréversibles ?

À mon sens, les juifs et les chrétiens sont parmi les rares à pouvoir appréhender ce qui se passe et réparer ce qui se profile. Il s'agit bien d'une crise qui touche violemment au sentiment d'universalité. Et ce, non pas parce qu'elle est planétaire dans son étendue, mais éthique dans son fondement. Le plus inouï au fond est qu'elle constitue une séquence biblique et appelle un moment catholique.

EROS

Face à l'emprise grandissante de Thanatos que vous stigmatisez, il reste l'Eros dont vous traitez largement. Des psychanalystes s'intéressent depuis longtemps à vos écrits sur ce sujet. Qu'est ce qui les attire dans votre manière de penser ?

Il faudrait le leur demander. L'un d'entre eux m'a dit un jour que je décris des situations que les analystes rencontrent et connaissent, mais qu'ils auraient à traduire mes descriptions dans leur propre langage. Or c'est là toute la difficulté, car le langage de la psychanalyse s'avère profondément métaphysique. Objet, sujet, désir, conscience, inconscient, sont des concepts forts, mais limités par leur histoire. C'est pourquoi je ne dis pas objet mais le donné, pas sujet mais l'adonné, pas désir mais l'avance.

Comme l'on dit une avance sur recette ?

Oui, comme anticipation. Laquelle inclut la prise de risque et la non-réciprocité. On peut décrire les relations entre les individus dans un vocabulaire qui a sa justification phénoménologique et c'est sans doute ce que les psychanalystes et d'autres lecteurs ont trouvé de neuf dans le *Phénomène érotique*.

Ce livre, nous y venons, a été votre plus grand succès. Ne l'a-t-il pas été au prix d'un malentendu dans une époque où la pornographie est omniprésente ?

S'il y a méprise, elle est facile à régler. Il suffit d'aller à la cinquième section de l'ouvrage où je traite de la pornographie pour expliquer en quoi l'érotisme s'en distingue fondamentalement. Le vrai problème que pose Eros est que les conditions biologiques de son déploiement sont tellement bien faites que la sexualité apparaît automatique. Or, l'érotisme doit devenir volontaire, voilà ma thèse. Et sa mise en œuvre physiologique, elle, devient vite involontaire. Il y a toujours un décalage entre les deux ordres de réalité, raison pour laquelle on dit que la « chair est triste ». C'est à travers ce décalage que se manifeste, par exemple, la jalousie : n'étant jamais sûr que l'autre m'aime, je peux au moins m'assurer de posséder son corps.

Que signifie le fait que vous qualifiez de volontaire l'érotisme ?

C'est qu'il est le fruit de la décision de séduire, en quoi réside la grandeur de l'Eros. Lorsque le séducteur décide d'être amoureux, il lui faut faire croire à l'autre qu'il est aimé et il n'a pour moyen d'y arriver efficacement que d'être sincère. Chaque fois où il y va, Don Juan est, à tout le moins au début, sans insincérité fondamentale puisque la peur de « prendre un râteau » ne le retient pas. C'est ce que je nomme l'avance. Celui qui refuse la situation érotique, qui voudrait être sûr qu'on l'aime sans se risquer, a déjà tout perdu, car sa conception intéressée de la séduction, comme d'un commerce, le fait immanquablement échouer. Il finit par haïr les autres de ne pas être aimé. Au contraire, l'amant fait des avances et prend le risque. Somme toute, la grandeur de Don Juan est que, comme Dieu, il aime le premier.

Sauf qu'il n'aime pas vraiment ?

Sauf que chez lui et chez nous, l'élan ne dure pas longtemps. Tandis qu'avec Dieu, l'amour dure toujours. Don Juan cale vite, Dieu jamais.

Comment Le Phénomène érotique *est-il accueilli à sa sortie dans le monde catholique ? Juge-t-on le propos déplacé, déviant ? Secondaire, superflu ?*

On est tenté ici ou là de me reprendre. Découvrant le livre, le cardinal Lustiger s'exclama : « Tout de même, vous êtes fou d'avoir choisi un titre pareil ! » Je lui ai rétorqué : « Je le sais, mais il n'y en avait pas d'autre. » *Le Phénomène amoureux* aurait sonné comme un pastiche de Roland Barthes et de son *Éloge du discours amoureux*, ouvrage brillant par son absence du moindre concept. Érotique renvoie au contraire à Platon. Et il y a bien, si l'on emploie les catégories de Husserl, un phénomène érotique. Mais par-dessus tout, c'est un théologien qui l'affirme, Denys l'Aréopagite : Dieu est Eros. Et Benoît XVI ne dira pas autre chose dans sa première encyclique, *Deus caritas est*, publiée un peu après la sortie de mon livre. Le pape semble voler à ma rescousse : tout à leur esprit chagrin, des censeurs imaginèrent un coup monté. Ce n'est pas le cas, mais peu importe, l'autorité de la parole pontificale fit que la question de l'amour redevienne enfin centrale pour la théologie.

Mais vous agacez forcément ceux qui en tiennent pour la différence entre Eros et Agapè...

Mais ils tiennent pour une distinction qui ne tient pas ! Cette opposition est l'invention tardive d'un pasteur luthérien suédois, Anders Nygren, qui aura peut-être colmaté avec elle ses hantises ; mais elle n'est ni biblique, ni patristique. Tout discours théologique qui postule l'existence de deux amours, l'un spirituel, l'autre physique, doit être suspecté de dualisme et de moralisme. Il contredit l'axiome selon lequel rien ne sera sauvé qui n'est pas assumé. Non, il y a un seul amour et une seule manière de faire l'amour.

Même aux yeux de Dieu ?

Mais sinon que peut-il y avoir de commun entre Dieu et l'homme ? Que pouvons-nous sinon faire à la manière dont Dieu le fait ? Ce ne sera pas l'Être, qui s'applique à l'étendue du créé, à l'ensemble des étants, mais l'amour, qui n'en relève pas. Dieu même nous dit que nous pouvons et devons aimer, parce que lui-même aime. C'est donc la manière d'aimer qui compte. Or, si nous rencontrons diverses occasions d'aimer, il en est une inscrite dans notre constitution, qui est érotique et également agapétique. Pour tous les mystiques d'Orient et d'Occident, pour les meilleurs auteurs de Grégoire de Nazianze et d'Augustin à Joseph Ratzinger, et pour les poètes, il n'y a qu'une seule façon d'aimer.

Mais Augustin est aussi l'auteur qui fustige la concupiscence...

Bien entendu. Encore faut-il le lire attentivement. L'avance, pour lui, n'est pas concupiscente, mais le devient lorsque l'on s'imagine qu'elle a pour but la possession. Or, ce que l'on désire posséder est en fin de compte peu de chose. Le plus souvent, pour employer les formules grossières qui servent à couvrir notre fausse modestie, nous la jouons « petit bras », « un tiens vaut mieux que deux tu l'auras », « elle ou il n'est pas génial mais je vais me la faire ou me le faire », etc. Là est la concupiscence. Nous n'avons pas le courage de notre désir et le transformons en possession afin, croyons-nous, d'en accroître la portée, d'augmenter la hausse du canon, pour parler comme les militaires lorsqu'ils redoutent que le projectile n'échappe à la visée. Nous simulons donc, car rien ne nous effraie plus qu'un objectif plus grand que nous et dont nous sentons que nous n'avons pas les moyens. La concupiscence, comme tout pêché, dénote toujours un manque d'ambition.

Un ratage en somme...

Le péché, *hatta't* en hébreu, *hamartia* en grec, signifie manquer la cible. Comme l'italien *sbagliato*, se tromper. La faute du péché ne réside pas dans l'excès du désir, mais dans le défaut d'ambition. Nous désirons insuffisamment. Et, à défaut de Dieu, nous nous replions sur un pauvre corps, la bouteille, la breloque ou n'importe quoi d'autre qui nous en distraira.

La pornographie du monde contemporain ne s'effectue-t-elle pas au détriment du désir ? Ne promeut-elle pas les déviances sexuelles afin de compenser l'aliénation du désir ?

Oui, on le voit notamment chez de très jeunes gens, qui sont déjà impuissants non seulement affectivement, mais aussi sexuellement. Le problème extraordinaire que pose le désir, ce mélange de munificence et de pauvreté tel qu'il est décrit depuis Platon et Aristote, est de savoir comment la surabondance peut provenir du manque. Lacan aura passé sa vie à se le demander et, ayant bien lu Augustin sur ce point, en aura conclu sa célèbre formule : « Il n'y a pas de rapport sexuel. » Le désir qui s'exprime dans le corps n'est pas foncièrement physiologique et le désir qui s'exprime par le sexe n'est pas foncièrement sexuel. La sexualité est un des modes d'expression du désir qui est inconditionnel, au sens où il transcende l'existence biologique et la réalité pulsionnelle. Ce que les théologiens disent quand ils affirment qu'il y a un désir naturel du surnaturel.

Mais l'amour est-il encore possible ? Ne semble-t-il pas toujours plus entravé par le règne de la licence aujourd'hui, des technologies demain ?

L'amour est toujours entravé mais l'amour n'est jamais impossible. Il n'a pas de raison d'être et il n'a donc pas de condition de possibilité. On peut aimer n'importe quoi, sans différence de temps ou de lieu, et c'est d'ailleurs le danger. On peut aimer dans n'importe quel âge historique, dans n'importe quel état de vie, dans n'importe quel état de santé, même souffrant ou mentalement dérangé. On peut aimer n'importe qui, y compris quelqu'un qui n'est plus, qui n'est pas encore, ou qui n'est simplement pas. Et ce n'est pas une illusion. Car l'amour va décider d'un style de vie qui réorganisera l'ensemble de l'expérience et de l'existence. Ce que chacune, chacun d'entre nous a vécu, vit ou vivra.

Est-ce un motif d'espérance ?

C'est le seul. On peut toujours rêver que, grâce à l'accroissement de notre intelligence et notre rationalité, la justice et la concorde adviendront sur la Terre. Mais l'espérance suppose plus que l'utopie et ne s'en contente pas. Des trois vertus théologales, elle est la seule qui soit instinctivement inconditionnelle. Comme l'on dit, on peut espérer contre tout espoir. Et on ne peut pas aimer en haïssant, on ne peut aimer qu'en aimant, l'amour étant pareillement inconditionnel, raison pour laquelle rien n'est lui impossible.

C'est par-là que nous pouvons ressembler à Dieu ?

La différence entre Dieu et nous, c'est qu'il est bien meilleur amant que nous. C'est ce qui nous sépare de lui, bien que je ne voie pas d'autre angle sous lequel nous pourrions prétendre l'imiter. Mourir d'un acte d'amour, cela nous est possible et cela s'est vu. Mais comment concevoir un tel accomplissement qui nous emporte entièrement ? Sinon par miracle. Nous pouvons aimer d'une manière qui ressemble à l'amour de Dieu mais Dieu reste, sans nul autre pareil, l'amant absolu.

Les deux papes

Deus caritas est *: une encyclique, vous venez de le rappeler, coïncide avec votre propre charge. Vous avez fréquenté Joseph Ratzinger, mais nous n'avons pas encore abordé Benoît XVI. N'est-il pas autant, voire plus un « pape philosophe » que son prédécesseur ?*

Son élection, en 2005, ne change rien à notre relation en effet plus ancienne. Philosophe assurément il l'est, il connaît intimement la philosophie et lorsqu'il converse avec les penseurs de son temps, dont Jürgen Habermas, il parle de collègue à collègue. Mais il y a surtout en lui un théologien. Un théologien de facture allemande, un *Doktor Professor*, et sans doute, pour avoir lu pas mal de représentants de cette corporation, l'un des plus grands. Faites-le compte. Il connaît la Bible et les exégètes aussi bien que la tradition et les dogmaticiens. Il connaît les Pères de l'Église et les médiévaux. Il connaît les théologiens modernes et contemporains, catholiques, protestants et orthodoxes. Tout cela, il le connaît de surcroît par cœur. Mais, dans le même temps, en vrai théologien, il a un point de vue radicalement non-académique sur la théologie.

Un point de vue spirituel ?

On peut le dire ainsi. Holistique, dirais-je pour ma part. Beaucoup de théologiens sont les auteurs de livres sur une expérience qui n'est pas la leur mais dont ils se croient les juges. Ce n'est pas le cas de Joseph Ratzinger-Benoît XVI. Il sait, lui, de quoi il s'agit. Il a cette force qui fut aussi celle d'un Balthasar ou d'un Bouyer. Il possède une sûreté et un équilibre de jugement hors-norme. Son *Jésus de Nazareth* me semble un chef-d'œuvre, car il y récapitule l'apport positif de la méthode historico-critique, tout en l'ordonnant à ce que l'on nomme l'exégèse canonique. Il démontre ainsi de manière exemplaire que l'Écriture vit à l'intérieur de la Tradition. Et non pas l'inverse.

Est-ce parce qu'il est un grand intellectuel que son pontificat rencontre tant de complications ?

La crise de l'autorité, le désordre des mœurs, l'impact de la globalisation ou encore le « choc des civilisations », comme le disent les médias, ce n'est pas lui qui les invente ou les provoque. Ce nihilisme multiforme, il est l'un des rares à en comprendre parfaitement le mécanisme. Mais, et à bien chercher il n'y a pas d'autres formules, il le prend en pleine face et réalise, depuis la chaire solitaire de Pierre, qu'il n'est pas équipé pour y répondre.

À quoi ? À affronter la haute mer et la tempête ?

À naviguer à vue dans les marais de ce qu'il nomme le relativisme. Non pas l'athéisme militant ou le scepticisme généraliste passés de mode, mais ce moment singulier que nous vivons et où même les non-chrétiens sont à *quia*, embarrassés de n'avoir plus ni réponses, ni, ce qui est pire, questions sensées et, à court d'arguments, se tiennent cois.

Aura-t-il été le dernier pape européen au sens où le condensé d'Europe qu'il aura représenté, sachant les langues anciennes, la bibliothèque, le conservatoire et le musée classiques, l'histoire universelle, ne se répétera plus ?

Oui.

Sa renonciation marque donc la fin d'une culture.

Écoutez, la théologie chrétienne repose entièrement sur l'incarnation et l'incarnation fait qu'il ne peut y avoir de coupure radicale avec les origines. La continuité biblique impose l'hébreu, le grec, le latin et on ne pourra jamais en faire l'économie. Il en va de même pour les modes d'incorporation de l'Évangile dans l'histoire qui ont déterminé pendant des siècles la vie de l'Église. Alors, bien entendu tout le monde n'a pas à naître et n'est pas né dans l'horizon européen, mais les papes qui ne seront pas européens par l'état-civil le seront par la formation. Parce qu'ils auront intégré la tradition.

Vous diriez que c'est le cas de François ?

Je ne vois pas en quoi il ferait exception. La culture argentine est la plus européenne et francophile d'Amérique latine : pensez à Ocampo, Borges, Casares, Cortázar, Puig, Sábato pour n'évoquer que la littérature. Le jeune Jorge Bergoglio lisait Joseph Malègue, le romancier auvergnat des « classes moyennes du salut » et, dans sa première jésuitière San Miguel, où règne une éducation théologique on ne peut plus canonique, il fréquentait les productions intellectuelles qui fleurissaient à l'ombre de Notre-Dame ou de Fourvière.

Malgré tout, le pape François a quelque chose de révolutionnaire à la manière latino-américaine. Il bouscule les codes, harangue les fidèles, veut purifier l'Église catholique...

Il y a urgence, la mobilisation a été décrétée par Benoît XVI, François agit dans ce sens avec zèle, et on ne peut que le soutenir.

Mais il est critiqué à l'intérieur de l'Église pour d'autres raisons, plus politiques, particulièrement en Europe et même en France. Que faites-vous de cette discordance ?

J'en prends acte et passe à l'essentiel. Il n'y a pas, que je sache, de querelle sur les dogmes et les questions d'actualité n'appellent pas l'infaillibilité. Ceux qui, pour une raison ou pour une autre, étaient en désaccord avec l'Église sont partis comme il arrive souvent en cas de persécution ou, plus prosaïquement, de difficulté. Restent ceux qui n'ont pas fui, qui ne craignent pas de prendre des coups, ou d'être ostracisés parce qu'ils sont catholiques. Ils sont moins nombreux que par le passé, mais, d'une certaine manière, leur foi est plus authentique, mieux éprouvée. Ils ne se demandent pas si l'Église doit muter doctrinalement, mais comment il faut la réformer spirituellement. Le paradoxe est que cette interrogation existe depuis toujours. Elle prend aujourd'hui les couleurs de l'époque, mais l'impératif demeure invariable.

François mécontente profondément, toutefois, une frange d'intellectuels plutôt conservateurs qui aimaient Benoît XVI. Comprenez-vous leur réaction ?

Chaque pape heurte inévitablement telle ou telle autre sensibilité par sa propre sensibilité. Cela s'appelle l'épaisseur de l'histoire et le christianisme se fait dans l'histoire. Pour juger d'un pontificat, il faudrait connaître le dessous des cartes. Je déteste la tendance qu'ont certains à parler et juger de tout, avec une préférence pour les questions qu'ils maîtrisent le moins. Il ne suffit pas d'avoir des intuitions et des intentions, il faut pouvoir les étayer par des arguments.

Quel est donc votre argumentaire le concernant ?

Les deux ou trois choses que je sais de manière sûre à son sujet. Primo, pourquoi les Européens peinent-ils à comprendre sa personne et son action ? Jorge Bergoglio est le premier pape qui ne soit pas issu du monde paysan, ainsi qu'il en était allé depuis la Renaissance, le premier pape qui soit né non seulement au Sud, mais aussi dans une mégalopole moderne où se juxtaposent la très grande richesse et la très grande pauvreté, où s'effectue un brassage faramineux d'identités et où la mentalité générale n'entretient que peu de rapports avec celle à laquelle nous sommes accoutumés. Il suffit de se promener quelques heures dans Buenos Aires pour le comprendre. Secundo, comment se fait-il que ce clerc à la vocation tardive ait eu une carrière si fulgurante ? Parce que Joseph Ratzinger et la Commission théologique internationale commandée par Jean Paul II ont confié à Jorge Bergoglio, qui avait réussi à empêcher l'implosion des jésuites argentins, le soin d'enquêter sur la situation complexe *des* théologies de la Libération en Amérique du Sud. Il a accompli le tour de force de trier entre le bon et le mauvais, raison pour laquelle il a été nommé archevêque de Buenos Aires. Tertio, en quoi apparaît-il vraiment novateur ? Une fois élu pape, Jorge Bergoglio n'a rien changé à ses habitudes, dont celle d'intervenir à sa guise dans les médias, ce qui représente une avancée capitale à l'heure de l'information continue.

N'est-il pas tout de même très marqué par la théologie de la Libération et par son péronisme de jeunesse ?

Qu'il soit de gauche, de droite ou du centre, le péronisme est l'exception française de l'Argentine et tous les Argentins ont été, sont ou seront un jour péronistes. Quant à la théologie de la Libération, je ne suis pas d'accord. On ne peut la réduire à sa caricature, mais c'est ce à quoi s'est précisément refusé à faire Bergoglio. Avant qu'il ne devienne pape, lors d'un séjour à Buenos Aires – où le jésuite Juan Carlos Scannone m'invita à traiter du don au sein d'un colloque international sur la gratuité qui réunit des théologiens, des philosophes et des économistes – je découvris l'arrière-fond intellectuel de celui qui n'est pas encore le pape François. Il a une vision du monde en apparence joviale et en réalité tragique. Quant à sa conception de l'histoire, c'est la notion de la communion du peuple et des peuples qui l'articule. Si le brésilien Léonardo Boff, qui adhérait au marxisme, quitta le giron de l'Église, les théologies de la Libération de l'argentin Juan Carlos Scannone, du chilien Pablo Richard Guzman ou du péruvien Carlos Gutteriez (avec lequel j'ai échangé à Chicago) restent chrétiennes et éminemment catholiques. Cette mise à jour est scellée par Jorge Bergoglio et lui confère une immense autorité.

Vous faites donc crédit à l'idée que sa théologie l'emporte sur sa biographie ?

Je ne dis pas que je comprends ou approuve chacune de ses paroles, chacun de ses gestes, car lui-même refuserait un tel papisme. Je dis qu'ils participent d'une appréhension conceptuelle qui, pour ne pas être toujours lisible à nos yeux parfois fatigués, n'en est pas moins réelle. Prenons la question des flux migratoires qui fait tant débat chez nous. Un Américain du sud, région du monde où l'immigration est au fondement de l'histoire, ne peut avoir la même perception de ce bouleversement global qu'un Européen du continent pour qui l'immigré se surajoute aux populations autochtones. Ce qui explique pour partie la vision de Jorge Bergoglio, qui ne pense pas forcément comme nous, ou certains d'entre nous, et qu'il s'agit de comprendre plutôt que de condamner. Sur cette question d'ailleurs, le Saint-Siège tient une doctrine complexe, qui fait dépendre la régulation des flux d'un partage plus juste des richesses entre le Nord et le Sud. On pourra utilement s'y référer. Mais lorsque le pape François rappelle que la Bible nous définit tous en quelque sorte comme originellement des « migrants » et que l'Évangile nous donne pour exemple le « bon Samaritain », il est tout bonnement dans le vrai.

LES POLÉMIQUES

Votre engagement philosophique apparaît moins irénique que votre engagement catholique. Sur ce terrain-là, vous allez même provoquer une grande polémique. Mais avant d'aborder les inimitiés, quelles sont les amitiés dont vous diriez qu'elles vous accompagnent ?

Celles nées avec *Communio* me demeurent chères et nous restons proches, Jean Duchesne, Rémi Brague, Jean-Robert Armogathe et moi-même. Michel Henry et Jean-Louis Chrétien, nous l'avons dit, ne sont malheureusement plus ici. De même que Jacques Derrida avec lequel je continue de mener, par-delà sa disparition, le dialogue véritable qui a toujours été le nôtre.

Toujours dans la sphère philosophique, au sein de la jeune ou plus jeune garde, avez-vous des accointances ?

Elles ne manquent pas. Le cher Didier Franck, qui a soutenu sa thèse sous ma direction à Poitiers, se détache. Il est un très bel et très bon esprit qui m'a appris beaucoup et m'aide à me réguler. Par-delà l'affection, son œuvre personnelle, nourrie par Nietzsche, Husserl et Heidegger, est de grande facture. Dans la génération suivante, les relations sont vivantes et donc vives, tissées d'accords et de désaccords, avec quelques gars remarquables. En phénoménologie, Claude Romano m'a beaucoup apporté en me résistant et en me relançant sur la notion d'événement, mais pas seulement. Nos débats sont émaillés de mille et un sujets, comme avec D. Pradelle, D. Arbib, J.-F. Courtine et bien d'autres. Dans la sphère de la philosophie analytique, nous aimons nous retrouver de temps à autre avec Jocelyn Benoist quoique pour batailler, mais chacun sait parfaitement pourquoi et l'échauffourée n'empêche pas le respect.

Et du côté catholique ?

Outre des figures consacrées et influentes, comme Jean Greisch et Philippe Capelle-Dumont, mais aussi désormais Vincent Carraud et Olivier Boulnois, il est, fort heureusement, des cadets par l'âge, qui se manifestent par la capacité d'intelligence provocatrice marque de leur génération. Le fervent Fabrice Hadjadj se consacre à l'essai mais sait être plus qu'un commentateur de l'actualité en conduisant des percées philosophiques. Le savant Jean-Marie Salamito se consacre à l'étude patristique, mais sait descendre de la Sorbonne pour ferrailler avec l'époque. J'admire leur vertu ascétique qui les prévient contre les bévues qu'essuient facilement les gens doués. J'espère aussi beaucoup de plus jeunes esprits, déjà affirmés, dont E. Falque, E. Tardivel, J. Vioulac, etc.

À la débottée, avez-vous des ennemis ? D'authentiques ennemis, redoutables, qui disent qu'il faut en finir avec vous.

Il faut distinguer les ennemis et les adversaires. De ennemis ? Sans doute quelques-uns, mais, outre que souvent je ne les connaissais même pas, ils restèrent à compter sur les doigts d'une seule main. J'ai souvenir d'un livre *Anti-Marion*, qui me critiquait sans fournir ni argument, ni citation en soutien de son opposition. J'ai appris aussi que dans un roman, un ancien étudiant m'avait traîné dans la boue en même temps que d'autres amis, autant qu'il m'avait auparavant ciré les pompes. Là encore, que dire quand rien de rationnel n'est dit ?

Il y a donc au moins eu des adversaires ?

Adversaires ? Bien entendu, mais dans le cas de désaccords sérieux, il s'agit d'interlocuteurs compétents dans un débat rationnel, où les divergences n'empêchent ni le respect, ni la courtoisie. Ainsi sur Descartes avec Jean-Marie Beyssade pendant des années d'ailleurs fructueuses de discussion continue. Ainsi avec Stanislas Breton sur la *causa sui*, avec Dominique Dubarle et Jean-Hervé Nicolas sur l'*ispsum esse* (mais, à la fin, j'avais pu m'expliquer à l'Institut catholique de Toulouse et dans le *Bulletin de littérature ecclésiastique*). Ainsi avec Jocelyn Benoist sur le phénomène saturé, avec Étienne Balibar sur l'*ego* et le spinozisme, avec Jean Beaufret et François Vezin sur Heidegger. Dans une polémique sérieuse, à la fin le débat unit autant qu'il oppose. Et il en fut le plus souvent ainsi.

Fut-ce le cas de la polémique que déclencha le philosophe Dominique Janicaud en dénonçant le « tournant théologique de la phénoménologie française ». N'est-ce pas là au contraire un vrai combat, voire une guerre ?

Non, parce qu'il n'y eut vraiment ni ennemis irréductibles, ni adversaires désignés, ni ligne de front établie. L'affaire demeura un débat d'interprétation, assez facile à comprendre si l'on revient au commencement. La publication de *Réduction et donation* attira l'attention des phénoménologues non pas parce que j'y lisais conjointement Husserl et Heidegger – cela était admis et je l'explique, je crois, clairement – mais parce que je m'attachais à montrer que l'on peut sortir de Heidegger. Comment ? Grâce au fait que lui-même finit par subordonner la question de l'Être à la question de l'Appel : l'être n'est pas quelque chose, mais l'appel que nous recevons à interpréter les choses comme des étants puis à répondre à l'*Ereignis*. S'il y a un tournant, il est là. En 1946, dans un passage étonnant de la *Lettre sur l'humanisme*, il en vint même à distinguer l'appel de l'ami, l'appel du père, l'appel de Dieu et l'appel de l'Être. Ce qu'on retrouvera ultérieurement chez

Levinas sous la forme de l'appel du visage d'autrui à la manière dont un appel de la loi morale figure chez Kant et chez Rousseau. J'en retirais le résultat que la question de l'Appel est plus fondamentale que la question de l'Être. Ayant constaté que cette phénoménologie de l'appel antécédente était oubliée, je la développais. Tout cela ne passe pas inaperçu et me vaut l'honneur que la *Revue de métaphysique et de morale* consacre un numéro entier à *Réduction et donation.*

C'est la première livraison de l'année 1991 de cet auguste périodique alors presque centenaire. L'hommage est certain. Pourtant et peut-être conséquemment la polémique éclate. Quelques mois plus tard, Dominique Janicaud publie son attaque. Pourquoi ?

Janicaud, d'une grosse décennie mon aîné, était un ami qui avait bien accueilli mes débuts et nous échangions nos avis sur de nombreux sujets, dont la signification de la distance. Mais, impromptu, lisant la revue, il cède au complotisme et prend un coup de sang : Marion, finalement, n'est pas clair. Et Henry, Chrétien, encore moins. Levinas, tapi derrière eux, pas du tout, pense-t-il sans doute alors.

Une pas si mauvaise compagnie pour vous...

Une excellente compagnie ! Mais le reproche suit : trop de lyrisme, trop de transcendance, trop de théologie et aucune mise entre parenthèses dans ce fatras. Bref, les cathos et assimilés mettent la main sur la phénoménologie au mépris de sa neutralité et de son athéisme méthodologiques bien connus soulignés par les meilleurs husserliens reconnus. Bref, pour justifier sa rage et contre une telle rafle, il crie au détournement de mineur, de Husserl lui-même.

Y a-t-il un non-dit derrière son assaut et dont la défense d'un Husserl indifférent à la théologie serait le prétexte ?

Rien d'inavouable mais, comme souvent dans le monde universitaire, aux querelles en apparence théoriques se mêlent d'autres motifs. À l'orée de sa carrière, Dominique Janicaud se distingua en devenant l'excellent spécialiste du spiritualisme français (Ravaisson, Blondel, Lavelle) ; peut-être crut-il bon de se venger de son thème en nous assimilant à une lignée avec laquelle nous n'avions rien à voir. Et puis il y a un motif plus institutionnel. Avec Jean-François Courtine et Didier Franck, nous venions de refonder à l'École Normale les « Archives Husserl de Paris » que Paul Ricœur avait créées mais qui sommeillaient depuis son départ aux États-Unis. Ce fut un grand succès. Mais Dominique Janicaud, le protégé de Jean Beaufret, lui qui a soutenu une thèse remarquée sur Hegel et les Grecs, lui un spécialiste de Heidegger (et tout cela est vrai), se serait-il senti écarté de cette affaire parisienne ? Étrange paradoxe : alors qu'il n'avait pas une véritable pratique de Husserl, auquel on se consacrait rue d'Ulm, il se transforma en héraut d'une certaine orthodoxie husserlienne, en gardien de l'antique forteresse contre les envahisseurs barbares, illégitimes.

Avec quels arguments en général et contre vous en particulier puisque Janicaud vous vise tout personnellement ?

Chrétien avait trop le goût de la contemplation pour descendre dans l'arène et se rouler dans la poussière. Henry concède sans barguiner ni s'émouvoir le label de « philosophe chrétien » pour avoir la paix – et il l'a. Je refuse pour ma part de lui répliquer par écrit, ainsi qu'on me le réclame ; ma riposte consistera en 1996, donc tard, en la publication d'*Étant donné*. Personne ne lui répond entre-temps. Surtout, il n'avait pas de véritable argumentaire, comme le pointent nos rares échanges oraux. Ce qu'on n'avait pas le droit de dire, des meilleurs connaisseurs de Husserl (Levinas, Henry) l'avaient dit pourtant. Car on pouvait en effet le dire.

La querelle n'est pas vidée pour autant. Dominique Janicaud la reprend en publiant en 1998 La Phénoménologie éclatée *et Jocelyn Benoist l'endosse en 2001 dans* L'idée de phénoménologie *où il préfère parler cependant de « tournant lévinassien ».*

Cette formule lui servait avant tout à illustrer sa profession de foi personnelle en l'athéisme, ce qui ne me gêne pas en soi, bien que Benoist ne prête pas assez attention, à mon goût, au fait que Levinas évoque pour sa part, et à son propre sujet, une « fidélité sans foi », ce qui aurait dû l'interroger. La querelle s'éteint de fait en France lorsqu'elle traverse l'Atlantique. Elle excite fort les Américains et, non sans quelque ruse sous mes dehors naïfs, je leur conseille de publier toutes les pièces. Ce qu'ils font et réunissent dans le même volume les quatre conférences que Ricœur, Henry, Chrétien, et moi-même avions prononcées aux « Archives Husserl » en 1992 sur la phénoménologie et la religion, ainsi que l'attaque de Janicaud. La préface entérinait que le tournant avait bel et bien eu lieu, mais qu'il marquait un formidable nouveau commencement. L'ouvrage, qui parut en 2001 à New York, devint un tract *positif* sur notre contribution au dynamisme de la phénoménologie qui ressortait vivante et créative. L'entreprise visant à notre disqualification tournait au brevet de notre surqualification. Et, à partir de cet accueil américain, le reste suivit partout ailleurs. Quant à Dominique, nous avons, jusqu'à sa mort, ensuite repris des bonnes relations de travail (en particulier à propos de la réception française de Heidegger).

En Amérique

Nous voilà propulsés avec cette querelle outre-Atlantique. Comment caractérisiez-vous, d'un mot, votre longue et profonde expérience du Nouveau Monde ?

Heureuse. Et en deux mots, très heureuse. Cette expérience commença au Québec par l'amitié de Thomas Koninck. Puis vint la découverte des États-Unis tôt dans ma carrière universitaire, dès les années 1980, au cours desquelles je m'y rendis régulièrement pour des conférences, des colloques, de brefs enseignements. *Dieu sans l'Être* étant traduit immédiatement, d'autres publications suivirent, ce qui contribua à ma petite réputation dans l'empire des publications universitaires. En 1994, mon ami et collègue Dan Garber convainquit le département de philosophie de Chicago de m'inviter pour enseigner Descartes et Husserl au long cours. D'un trimestre initialement, le contrat passa à 3 ans, puis 5 ans et, au bout d'une décennie de ce régime, on me proposa la chaire qui avait été celle de Paul Ricœur et de Paul Tillich.

Vous devenez donc, si l'on peut dire, le représentant de la philosophie continentale au pays de la philosophie analytique. N'est-ce pas curieux ?

Si peu. Le paradoxe veut que lorsque vous vous spécialisez dans la philosophie analytique en France, les Américains ne vous invitent guère, parce qu'ils pensent n'avoir pas besoin de vous pour en faire et qu'ils la font mieux que nous. Mais si vous faites quelque chose qu'ils ne savent pas ou peu faire eux-mêmes, ou dont ils pensent que vous le faites mieux qu'eux et, à la condition qu'ils vous aient identifié, qu'ils aient vérifié que vous argumentez intelligemment, qu'il existe un public, et s'ils estiment qu'un effet de mode est possible, alors on déroule un tapis. Les universités américaines agissent comme les clubs de football européens qui recrutent des joueurs brésiliens parce qu'ils ont une grosse technique personnelle, amusent les spectateurs, que finalement ils ne coûtent pas si cher et que l'opération est à terme rentable. C'est ainsi que je fais mon chemin aux *States*. J'avoue que relever cet apparent défi m'a beaucoup amusé.

Vous êtes-vous senti dépaysé par les mœurs, écrasé par le gigantisme ?

Non. Les États-Unis, avant même de les découvrir, on les connaît par cœur si l'on a fréquenté le cinéma américain. Comme attendu, les taxis sont jaunes, les laveries sont tenues par des Asiatiques et les rares cafés chics proposent un *ristretto* à la manière italienne. Comme attendu, l'absence de monuments anciens et de vrais bistrots est frappante mais lancinante. Comme attendu, la ségrégation ethnique et sociale reste omniprésente et désolante, particulièrement à l'égard des Afro-Américains, de même qu'est nette la séparation des quartiers où il faut et ne faut pas être. La société apparaît beaucoup plus codifiée qu'en France, mais avec plus de déni que chez nous, où tout s'accentue dans le débat.

Vous vous adaptez néanmoins assez bien pour que l'on veuille vous retenir. L'accommodation est-elle difficile ?

Même à Babylone, l'exil est fécond. Je le relève comme un défi et je peux m'adonner, ce dont j'ai le goût, à l'apprentissage de codes qui me sont étrangers. Je fais une cure en version originale des auteurs que je n'avais pas lus, K. Hart, Milton, Conrad, Faulkner et beaucoup d'autres, dont Philip Roth, agréable mais surfait, Saul Bellow, étonnant et perçant. Je lis avec bonheur la presse sportive, excellente, et mon anglais se perfectionne assez pour que je puisse commenter en cours, à l'occasion, l'actualité du basket et du base-ball, qui fournissent de parfaits exemples phénoménologiques. De nouveaux amis me tirent de ma vie monacale, tolèrent que je fume la pipe sur leur balcon et acceptent que je leur donne des leçons détaillées sur les grands crus, ticket gagnant en termes de popularité.

Représentez-vous la figure de l'intellectuel français ou êtes-vous accepté comme partie prenante du débat américain ? Vous sentez-vous devenir une sorte de transfuge culturel ?

Le monde du campus n'est pas aux USA le monde réel, il n'est pas exportable dans le reste de la société. Les universitaires ne sont donc pas des « intellectuels » et les « intellectuels » sont des politiques. Il serait difficile de chercher dans les journaux américains l'équivalent des pages débats du *Figaro* ou du *Monde* où écrivent de vrais universitaires, où sont recensés de vrais livres. D'ailleurs, on discute moins aux États-Unis qu'on ne déroule des discours parallèles qui s'affrontent sans s'écouter. Comme dans les westerns, le conflit direct prédomine. Tout est donc affaire du milieu d'accueil et, dans mon cas, il est aussi bien juif que catholique. L'adoption sociale des us et des coutumes, bien qu'elle ne me soit pas difficile, n'y change rien. Je ne me sens absolument pas Américain. Quel Américain serais-je, d'ailleurs, Bostonien, Texan, Californien ? Plus je suis allé aux États-Unis plus j'ai compris qu'il n'y a pas de village global, plus j'ai compris que je suis irrémédiablement français, parisien, sorbonnard.

N'avez-vous pas comme lieu d'accueil désigné la puissante Église que constitue le catholicisme aux États-Unis ?

Vous n'avez pas tort sur le constat : les catholiques constituent la plus importante minorité religieuse et le noyau du christianisme aux États-Unis car les protestants, certes plus nombreux, sont néanmoins tellement éparpillés qu'on ne sait plus au juste quel est leur *credo*. Disposant d'importantes finances et étant par définition très structurés, les catholiques américains ont aussi tendance à croire que le succès de leur organisation exprime une forme de primauté spirituelle. Et c'est là que le bât blesse. Leur profession de foi est formatée, peu intellectuelle, surtout sociétale et montre une forme d'acculturation si réussie qu'elle devient critiquable. À l'instar des autres Américains, ils ont un rapport à l'argent conditionné par la Réforme : si vous êtes riche, c'est que vous faites la volonté de Dieu et réciproquement. Penchant originellement vers les Démocrates, certains se sont rapprochés des Républicains sous l'effet de la question de l'avortement qui les mobilise grandement et les assimile au camp conservateur. Ce sont autant de points communs qu'ils ont désormais avec la lignée *Wasp*. Leurs vrais rivaux ne sont d'ailleurs pas tant les protestants historiques que les évangéliques au christianisme parfois discutable.

Sur la nébuleuse que forment les néochristianismes américains, évangéliques, pentecôtistes ou autres, quel jugement portez-vous ?

Sentimentalisme, nationalisme, communautarisme : tel est le contenu de leur foi, à laquelle ils ont une relation assez utilitaire. La religion concourt au bien-être individuel et collectif, au développement personnel et à l'harmonie sociale. Croire est bon pour la santé du psychisme, du corps et du compte en banque. Il y va d'une Pâque perpétuelle, qui saute allégrement la case Golgotha, ainsi que le note Julien Gracq. Le spectacle de cette sécularisation triomphante ne va pas sans éveiller une assez profonde tristesse.

Comment trouvez-vous votre place dans le monde que vous décrivez et bénéficiez-vous d'alliés ?

Dans cet univers plus stratifié qu'il ne paraît, j'ai la chance de brouiller les frontières. Je ne suis pas assez conservateur aux yeux des observateurs, mais ils ne peuvent me soupçonner d'être hérétique ou de mettre mon drapeau dans ma poche. Ils pensent sans doute que je suis un chrétien atypique, mais convaincu. Et puis, deuxième avantage, s'il est un monde savant établi en philologie ou en histoire, les États-Unis ne comptent guère plus de philosophes que de théologiens internationalement reconnus, ce qui confère quelque espace. Quant aux « alliés », pour reprendre votre terme, ils sont rares. Il y a surtout David Tracy, professeur à la Divinity School de Chicago, pilier de *Concilium* et préfacier de l'édition américaine de *Dieu sans l'Être*, grand théologien auquel je dois beaucoup. De même Martin Marty et Bernard McGinn. Moins proche, mais à l'œuvre notable, il me faut citer A. MacIntyre, l'auteur du désormais classique d'*Après la Vertu*, quoiqu'il soit lui aussi un exilé, natif d'Écosse. J'ai eu un vif plaisir à débattre avec cet ancien trotskyste devenu aristotélicien et se déclarant thomiste. Enfin, trop tôt disparu, Allan Bloom qui enseignait à Chicago et dont Saul Bellow a tiré son *Ravelstein*, a compté pour moi, son grand livre *L'âme désarmée* m'ayant substantiellement nourri.

Vous avez longuement séjourné aux États-Unis ce dernier quart de siècle. N'avez-vous pas éprouvé que les maux de l'Amérique sont devenus les nôtres si l'on pense à la violence, au communautarisme et au politiquement correct ?

Peut-être, mais je suis plutôt frappé par le fait que la France garde de forts antidotes face à la déferlante postmoderne, qui n'est pas qu'américaine mais qui corrode l'Amérique elle-même. La France reste un pays relativement pacifique par rapport aux États-Unis, où les camps opposés ne se parlent plus guère, où les débats libres n'existent plus guère, où l'on vit sous l'emprise d'une affaire Dreyfus permanente qu'aucune réforme politique ou élection présidentielle ne pourra aisément résoudre.

Où se situe la ligne de démarcation ?

Les repères sociologiques des diverses *belts* sont connus. Conceptuellement, la division a pour motif la définition que l'on donne à la nouveauté du Nouveau Monde, selon qu'on la considère limitée ou illimitée. C'est tout le thème du *Wild West*. Mais les deux camps en présence ont pour moteur de légitimer le même mythe manichéen de la violence fondatrice. Le recours partagé à l'émeute en constitue la preuve.

L'hypothèse est absurde, mais si vous aviez la nationalité américaine, qui auriez-vous choisi de Trump ou de Biden lors des dernières élections à la Maison-Blanche ?

La question n'a pas grand sens, en effet, mais j'y réponds : Joe Biden, sans hésiter un seul instant.

L'homme est sans doute un peu démagogue, mais, catholique, il n'est ni mégalomane ni autiste. Il symbolise la figure du politicien usé et sans grand talent, mais qui n'injurie pas les gens, ne les invite pas à envahir le Capitole et demeure décent à l'égard de la Constitution, sans laquelle chavire l'Union. Pour le reste, c'est une illusion française que de croire que l'Amérique change fondamentalement de politique lorsqu'il y a changement d'administration. Les Russes, les Chinois, les Iraniens savent cela mieux que les Européens.

À L'ŒUVRE

Revenons à votre œuvre de philosophe qui fait votre renommée des deux côtés de l'Atlantique et par-delà. Elle fait d'ores et déjà figure de classique. Comment en retraceriez-vous l'essor et le déploiement ?

Le plus simplement du monde, comme elle m'est venue et comme je l'ai poursuivie. Quand j'arrivais à Poitiers, en 1981, je me décidai à sortir des rivages familiers de l'histoire de la philosophie pour la philosophie. Je voulais philosopher, tout court. Pour reprendre notre métaphore montagnarde, c'était quitter les massifs balisés pour tenter d'escalader une face nord en solitaire. Afin d'entreprendre cette course, il me fallait, je le savais, trancher dans le choix qui s'imposait à ma génération. La philosophie telle qu'elle se faisait en ce temps s'ordonnait autour de deux courants majeurs, phénoménologique ou analytique.

Que l'on dit aussi respectivement continentale et anglo-saxonne, la première dérivant de Edmund Husserl, la seconde de Ludwig Wittgenstein ?

Exact. J'opte donc pour la phénoménologie. De bons anges m'y amènent ou m'y ramènent, Heidegger bien sûr, mais aussi Levinas, Derrida, Ricœur sans oublier Edith Stein…

La philosophe allemande d'origine juive, disciple de Husserl, devenue carmélite, déportée et morte à Auschwitz, canonisée par Jean-Paul II ?

Tout à fait, et consacrée par lui comme l'une des patronnes de l'Europe. Je connaissais assez bien Heidegger, mais moins bien Husserl. Donc je lis Husserl, médite Husserl, donne des cours sur Husserl, en m'efforçant de penser sur le mode des opérations introduites par Husserl (intentionnalité, réduction, constitution, etc.).

Arrivez-vous, à force de le fréquenter, à nouer avec lui l'intimité que vous entretenez avec Heidegger ?

Tout ce temps que je consacre à lire Husserl, je ne cesse pour autant de relire Heidegger. La confrontation des deux styles est en soi parlante. Heidegger fait subir à la langue des philosophes le même traitement que Proust ou Céline à la langue des romanciers. C'est étonnant, ébouriffant, exagéré, tout ce que l'on voudra, mais il s'y passe quelque chose. Heidegger, je l'ai dit, procède par éclairs afin de rompre avec le langage de la métaphysique. Tel n'est pas le cas de Husserl qui cherche à en sortir, mais fréquemment y retombe. Son vocabulaire demeure académique tandis que sa pensée ne l'est plus. En revanche, il refuse la tentation du système et réussit à y échapper, ce qui constitue l'une de ses grandes vertus. Mais ce refus entraîne aussi une impossible synthèse. Il est d'autant plus difficile de revendiquer une intimité avec Husserl que l'œuvre se partage entre les ouvrages qu'il a écrits et publiés de son vivant et la masse, presque infinie, des inédits dont une petite quarantaine de volumes a paru à ce jour. Bien posséder un certain Husserl ne signifie donc pas posséder tout Husserl.

De ce travail, il sort tout de même assez rapidement, en 1989, Réduction et donation, *clairement sous-titré* Recherches sur Husserl, Heidegger et la phénoménologie. *Vous cherchez encore votre voie dans cet ouvrage ?*

Réduction et donation est un livre-charnière. Il garde sa part d'historicité et de technicité, car il a un caractère préparatoire. J'y interroge la trajectoire de la phénoménologie, afin de dessiner mon propre projet. Pourquoi y a-t-il eu au XIXe siècle Franz Brentano, ce philosophe et psychologue autrichien et catholique dont l'essai de « métaphysique réaliste » inaugure la suite ? Comment Husserl, à partir de là, a-t-il accompli une percée, mais pourquoi cette percée n'est-elle pas radicale ? Pourquoi faut-il passer à Heidegger, mais pourquoi peut-on également dépasser Heidegger ? Et pourquoi faut-il aller jusqu'à Levinas ? En essayant de retracer le véritable enjeu de la phénoménologie à travers sa trajectoire, j'en viens à mettre en cause la phénoménologie elle-même.

Ce qui ne vous empêche pas, à côté de recueils qui relèvent manifestement de votre recherche, La croisée du visible*, de publier deux premiers volumes de* Questions cartésiennes. *Quel est le lien ?*

Cela suit son cours, comme le dirait Emmanuel Levinas. Les études ressemblent à des carnets de croquis relatant les paysages aperçus lors de l'ascension. Quant aux *Questions cartésiennes*, en écho aux *Méditations cartésiennes* de Husserl, elles participent de la même quête. Elles ont pour objet de montrer la tension qui existe chez Descartes entre l'ontothéologie et l'apophase ou, pour le dire plus simplement, entre la construction de la métaphysique classique dont il prend acte et la déconstruction de la théologie négative qu'il appelle. Aucune bifurcation donc, mais une convergence de descriptions.

Diriez-vous la même chose de votre ouvrage sur Hergé et Tintin qui relève de la même époque ou faut-il en conclure qu'un philosophe sans divertissement est un triste sire ?

Parce qu'il s'agit d'un livre de passion et de plaisir, d'hommage et d'heuristique, c'est un livre on ne peut plus sérieux. Je l'écris avec le romancier, critique et historien mon ami Alain Bonfand, auquel on doit une forte contribution phénoménologique à l'esthétique de la peinture et du cinéma. Que la bande dessinée de Hergé en dise plus long sur l'expérience éthique que les kilomètres de rayons sous lesquels craquent les bibliothèques de sciences humaines est ludique et beaucoup plus que ludique.

De là, nous sommes en 1997 et vous avez cinquante ans on passe à Étant donné *que vous dites être votre premier livre de maturité. Un événement fondateur puisqu'on le comparera à une* Critique de la Raison pure *inversée. L'aviez-vous deviné en le rédigeant ?*

Non. Nouveau déplacement, nouvelle ville et nouvelle convocation à avancer : j'arrive à Chicago où j'éprouve à la fois liberté et ennui, soit les conditions idéales pour commencer ce livre que je n'avais cessé de porter en moi depuis des années. Mais les obstacles s'accumulaient comme les nuages dans un ciel menaçant. Le début fut raté. Mon ami, le philosophe Didier Franck usa de son affection pour soulager ma peine en me déclarant l'entreprise impossible. Lors d'une confrontation au centre Sèvres, Paul Ricœur ne me dit pas autre chose, mais avec moins de précaution : « Jamais vous ne pourrez mettre la donation au sens de Husserl en rapport avec le don au sens de Mauss. » Sans doute avais-je sous-estimé ce que la course en solo implique de vraie solitude. Je travaillai, retravaillai, travaille encore et, finalement, vint *Étant donné*.

L'effet, à la parution, est immédiatement énorme, non ?

L'écho dans notre landerneau fut réel, je crois, car il s'agissait d'un des premiers livres un peu spéculatifs et construits depuis Levinas. En gros, je compris alors rapidement que mon travail avait changé de nature, que je changeais du même coup de statut. Il me restait donc à prolonger *Étant donné* en exploitant ma découverte sous différentes formes.

D'où le recueil joliment titré De surcroît. *Mais le deuxième choc survient six ans plus tard, en 2003, avec Le Phénomène érotique. Un sujet inattendu, ne pensez-vous pas ?*

Si la situation éthique est la condition qui rend possible la perception d'autrui dans sa radicalité, de quoi l'amour est-il la condition de possibilité ? Or, l'amour est cette chose donc tout un chacun a l'expérience, car nul ne peut dire, je crois, qu'il n'a jamais été chahuté par lui. En gros, vous, les autres et moi, nous nous y connaissons et nous y reconnaissons. C'est cette évidence qui m'a inspiré un livre que j'ai voulu sans notes. Lorsque vous êtes amoureux vous voyez l'autre non pas tel qu'*on* le voit, mais tel que vous êtes le seul à le voir. Cependant, on vous dit que vous vous illusionnez, que vous le voyez plus beau qu'il n'est. Le miracle de l'amour est que l'autre devient beau comme vous le voyez, même s'il ne l'est pas. Ce miracle ridiculise ceux qui y voient une illusion. De même que pour ceux qui ne savent pas regarder un tableau, ou entendre la musique, l'art est mutique, ne pas être amoureux est leur punition. Et, au contraire, être amoureux fixe la condition de possibilité d'apparition d'autrui dans sa singularité.

Mais votre livre porte sur l'amour érotique dans toutes ses dimensions. N'a-t-il pas choqué pour cette raison ?

Ce que vous nommez pudiquement « toutes les dimensions » n'est pas le fait de mon livre, mais le fait de l'Eros. Jusque dans ses mouvements désordonnés, il reste amour. Or, si l'amour a des degrés, il y a qu'un seul amour. L'affirmer tel quel provoque, bien sûr, son petit effet.

C'est donc bien un choc.

Oui et une sollicitation qui en découle va provoquer un nouvel ouvrage. L'Institut catholique de Paris me demande de donner une leçon sur le phénomène érotique. On s'attend à ce que, comme il se doit, je présente un condensé de ce que j'ai écrit. Coup de flair, au lieu de réciter mon livre, je me tourne vers *Les Confessions* et double la mise. Trois années de travail assidu, puis sort *Au lieu de soi* où je montre qu'une interprétation philosophique et phénoménologique de l'érotique se vérifie chez saint Augustin. Se confirme aussi, en quelque manière, que je peux tenter de délivrer un discours positif en théologie. Et là commence mon enquête sur la révélation, qui me prendra dix ans.

Parmi les livres qui parsèment cette décennie figurent Le Visible et le révélé, Certitudes négatives, Le croire pour le voir, Reprise du donné *et vos Gifford Lectures de 2014 sur* Givenness and Revelation *suivies de leur reprise allemande,* Das Erscheinen des Unischtbaren, *deux ans après. Autant de cailloux échappés de la besace et balisant le chemin, si vous me permettez cette image ?*

On peut le tourner ainsi. La métaphore de la marche en montagne implique cependant un trajet moins linéaire, à la merci d'un sentier qui s'arrête abruptement ou d'un épuisement qui s'installe silencieusement.

Pour en arriver à la pointe qu'est D'ailleurs, la révélation. *À ce livre paru en 2020, vous êtes particulièrement attaché par-delà le fait qu'il soit le dernier en date au moment où nous parlons. Quelle place lui réservez-vous dans votre œuvre ?*

Là, il y a deux manières de le dire. La première, celle que mes amis ont immédiatement perçue, est que tout ce que j'avais pu faire, mais que je n'avais fait que de façon systématique ou apparemment dispersée, converge dans ce livre. Y sont présents l'histoire, la philosophie, la phénoménologie, l'art, l'exégèse, la théologie. Ce qui est vrai et explique le labeur déployé à reprendre les divers savoirs que j'avais pu acquérir, les divers résultats que j'avais pu obtenir. La seconde manière tient dans le sentiment que m'a confié Didier Franck : « Je savais que c'était ce livre-là, sur la phénoménalité de la révélation, que tu voulais écrire depuis le début. » Et c'est le fond de l'affaire. Très tôt, j'ai pensé la révélation comme un phénomène qu'il fallait décrire sans *a priori*, en essayant de comprendre de quoi elle dresse le procès-verbal, afin de reconstituer l'expérience qui aboutit en elle à sa visibilité. Très tôt, j'ai pensé que, pour arriver à cette lecture phénoménale, il fallait dégager la théologie d'un triple rétrécissement, d'abord scolastique, ensuite critique, enfin historique. Très tôt j'ai pensé que pour vérifier cette lecture, il fallait prendre la bonne distance vis-à-vis de l'exégèse historico-critique qui reste d'un positivisme aveuglé. D'où un long travail de déconstruction et de reconstruction. Un de ces travaux dont on voit qu'il est bon de s'y jeter au début, même sans savoir si l'on va retomber sur ses pieds à la fin. Ce qui est pourtant arrivé à mon grand soulagement dans la dernière partie, où j'aborde la Trinité. En fait, *D'ailleurs, la révélation* apporte la réponse aux questions que posaient *L'Idole et la distance* et *Dieu sans l'être*.

Entre 1980 et 2020, ce sont quatre décennies qui se sont écoulées, ce qui peut sembler un épuisant périple.

Cela fait un long détour bien que le mot laisse à désirer, plutôt un retour. Ma force est que j'en ai pris le temps, quatre décennies ainsi que vous le dites. Oui, quarante ans. Une affaire d'endurance.

La France, toujours

Au cours de ces quarante années, la France a changé, les crises irrésolues se sont accumulées. Quand vous êtes aux États-Unis quel regard portez-vous sur elle ? Apercevez-vous par la lucarne une toute petite province ?

La France ? Mais c'est le pays le plus intelligent du monde ! Si j'ose dire.

C'est ce que disent les Américains que vous côtoyez là-bas ?

C'est ce que moi du moins je dis. Et que ne contesteraient pas les Américains les plus avertis. Ils n'ignorent pas de quel pays viennent les idées qu'ils recyclent en théologie, en philosophie, en histoire ou en sciences humaines et sociales. Parmi les modes qu'elles inspirent, il n'y eut pas que la *French Theory*, celle que le *New York Times* applique au Big Mac pour le « déconstruire » dans ses colonnes gastronomiques. À ma grande surprise, j'ai dû convenir que mes collègues et étudiants de Chicago connaissent mieux que moi, pourtant l'un des protagonistes, ragots et potins compris, chaque querelle idéologique qui nous agite. Quant au côté provincial dont on affuble nos débats, soyons prudents. Contrairement à l'opinion répandue qui confond grand par la taille et grand par la mentalité, les immenses États-Unis restent un petit pays, car leur absence d'ouverture sur le monde extérieur est sidérante. En fait, le reste du monde n'existe quasiment pas pour eux, en dehors des contrées lointaines et menaçantes qu'habitent de méchants loups et qui justifient des interventions militaires punitives ou préventives. Et votre propre culture se révèle inaccessible ou presque lorsque vous y résidez. Il est très difficile, même dans les meilleures librairies, de trouver un livre du domaine étranger dans sa langue originale et vous devez parfois vous satisfaire, au mieux, de sa version en anglais quand le seul exemplaire grec, latin, allemand ou français est sorti de la grande bibliothèque de l'université. Mais, de toutes les façons, puisqu'il n'est pas une gazette, une radio, une télévision réellement nationale et qu'il est déjà hasardeux d'être complètement informé de ce qui se passe à l'intérieur des frontières d'un État, pourquoi se soucierait-on des événements qui se déroulent à l'extérieur ? Les Américains sont si autoréférencés, qu'ils n'éprouvent pas de difficulté à vivre dans un pays toujours plus clos sur lui-même.

Pourquoi allons-nous si mal si nous sommes, comme vous le dites, le pays le plus intelligent du monde ?

Allons-nous aussi mal que nous le croyons ? Je ne suis pas décliniste. Je ne le suis pas par une quelconque conviction subjective, mais parce qu'on ne saurait l'être objectivement. Le déclinisme est un rejeton idéologique du progressisme. Il oppose une courbe d'involution supposée à une courbe d'évolution idéale. Il renvoie donc à un calcul statistique. Or on ne peut mesurer que ce qui est mesurable. Mais comment mesurer le déclin ? Sur quelles bases, par rapport à quoi, et surtout au regard de quelle période passée qui servirait d'étalon indiscutable ?

Simplifions alors. Lorsque vous comparez le pays dans lequel vous êtes né et le pays dans lequel vous vivez, ne notez-vous pas un écart négatif ?

La France d'aujourd'hui va mieux que la France de mon enfance.

Vraiment ? C'est loin d'être un sentiment partagé.

Je le sais bien. De la même manière, j'estime que l'Église de France se trouve en meilleur état.

Expliquez-nous afin que l'on puisse bien comprendre votre appréhension paradoxale de l'état de la France qui vous place, c'est vrai, en dissidence.

Il suffit de se tourner vers l'histoire. On voit que les piliers supposément « catholiques et français toujours » tenaient sur des assises fragiles, si ce n'est vermoulues, et pourrissantes depuis le compromis qui avait suivi la Révolution. Ce compromis reposait sur une France catholique dans sa superstructure et voltairienne dans son infrastructure. La représentation officielle, sur un mode sécularisé, de la France comme peuple prédestiné était censée harmoniser les divergences entre les deux. Mais il s'agissait d'un échafaudage artificiel et instable. C'est la raison pour laquelle il a pu s'écrouler aussi rapidement.

Est-ce mieux pour autant maintenant ?

Aujourd'hui, au sein de l'Église de France, la tentation idéologique a disparu ou est au niveau le plus bas qu'elle ait jamais connu. Aujourd'hui, la France est si critique d'elle-même qu'elle n'est plus prête à sacraliser des mythes et des idéologies élémentaires, comme elle l'a fait durant tout le XIXe siècle et une bonne partie du XXe siècle. Nous ne nous prenons plus pour la fille aînée de l'Église, garante du dogme et responsable de mission à l'échelle de l'univers. Nous ne nous prenons plus pour la « grande Nation », dépositaire de la science, de la morale, du progrès et chargée d'éclairer de ses vertus l'entière humanité.

Mais cette déperdition symbolique n'est-elle pas à la fois une cause et un effet de la perte de puissance ?

Non, d'abord parce que le monde change, avec ou sans nous. Ensuite, parce que, commençant à être plus réalistes, nous devenons en fait plus réactifs et plus créatifs. S'il est une constante dans notre histoire, c'est bien que la France doit se sentir en position de faiblesse et se l'avouer pour se redresser. Voyez la séquence que j'évoquais. Après la défaite de 1870, la France développe sa prodigieuse capacité d'industrie par son heureux complexe d'infériorité. Après la victoire de 1918, au contraire, la France se hausse du col et se prend de manière illusoire pour la maîtresse du monde par complexe de supériorité. L'encerclement de Sedan et la ligne Maginot : les deux complexes n'en font qu'un, bien sûr, et aboutissent au même résultat. Il faudra de Gaulle pour ranimer les véritables qualités françaises. Et, pareillement, aujourd'hui, la France recèle des énergies, des ressources, des possibilités endormies que beaucoup de pays de l'hémisphère nord n'ont pas. Il reste à les réveiller.

On vous opposera que la France et l'Église catholique en France sont visiblement en crise et que cette crise est quantifiable. Pour ne citer que ce chiffre, le nombre annuel des ordinations sacerdotales est passé d'un gros millier en 1950 à une petite centaine en 2020.

En 1990, au mitan de la période que vous décrivez, le cardinal Lustiger disait déjà qu'il y avait beaucoup trop de prêtres en France rapporté au volume de la population, que le problème n'était pas qu'il y en ait plus, mais qu'ils soient meilleurs. Or, c'est le cas le plus souvent aujourd'hui.

Dans le même temps, le catholicisme réapparaît comme repère d'identité. Ce mouvement tendanciel, vous le recevez comment ?

Cela dépend de ce que vous entendez. Après tout, qu'une adhésion de foi puisse revêtir aussi une fonction identitaire pour une communauté politique bousculée par l'histoire, c'est là un de ses effets bénéfiques, quoique secondaire. L'Église a longtemps servi à vivifier ce sentiment en Pologne comme elle le fait aujourd'hui au Levant, en Irak, ou au Caucase, en Arménie. Ce qui ne me choque pas. Mais que l'identité soit confondue avec la foi, qu'elle devienne le centre et la justification de l'adhésion chrétienne, voilà qui est autrement embarrassant et en fait inacceptable.

Vous condamnez donc ce réflexe identitaire ?

Ce n'est pas une affaire de sociologie, mais de théologie. Que l'on aille à l'église à la mode versaillaise, en famille, arborant loden et cravate ou jupe et barrette, animé par une certaine effusion teintée de patriotisme, cela ne me gêne pas, si l'on se rend vraiment à la messe pour vraiment communier en catholique, conscient de ce que commande l'Évangile à l'égard de Dieu et du prochain. Autrement dit, loin, très loin des barboteurs qui se contentent de surfer sur internet pour y disserter sur un fantasmagorique « Occident chrétien ».

Ne sont-ils pas fondés cependant à vouloir défendre dans le christianisme le môle de l'identité européenne, particulièrement face à l'islam ?

Combattre l'islamisme est un impératif, mais qui passe par la nécessité, ainsi que le montre Rome, d'établir une discussion sérieuse et critique avec l'islam. Le Saint-Siège pourrait donner des leçons là-dessus à toutes les diplomaties du monde. Quant au christianisme, il constitue une part certes essentielle de l'esprit européen, mais ni il ne le résume, ni surtout il ne s'y résume pas lui-même. L'erreur est de croire qu'il y aurait lieu de défendre l'Église, de défendre la France, de défendre la famille, alors que nous sommes défendus par la foi ecclésiale, défendus par la langue française, défendus par la structure familiale. Nous n'avons pas à garder des valeurs qui dépendraient de nous. Nous sommes sauvegardés par des réalités dont nous dépendons. Il est absurde de vouloir inverser cet ordre, car il est celui des choses mêmes. Qu'est-ce à dire ? Qu'il vaut mieux avoir une foi consentie, une langue maternelle, une famille aimante que ne pas les avoir, car elles nous fondent plus que nous ne les fondons, que moi-même je me sais inscrit dans une religion, une nation, une transmission, que je m'avère plutôt traditionnel en cela, et que j'en suis heureux. Mais que l'on ne peut pas s'en contenter. Un chrétien doit se sentir toujours prêt, d'une certaine façon, à affronter n'importe qui, n'importe quoi, à parer à la catastrophe, à refuser la fatalité, à se battre pour l'autre, à être arrêté, emprisonné, exécuté pour sa foi. Pourquoi l'admet-il ? Pourquoi le peut-il ? Parce qu'il sait qu'il est de plus grands malheurs que celui qui lui advient, qu'il est tellement d'autres que lui qui ont su traverser l'épreuve avant lui, que la fin à laquelle on le promet n'est pas pour lui la fin de l'histoire. Il se sent soutenu. Il se sait défendu. Saint Augustin l'explique très bien au livre I de la *Cité de Dieu*.

Vos paroles sonnent comme un éloge des martyrs.

Oui, des martyrs au nom du Christ qui donnent librement leur vie pour nous libérer de l'emprise de la terreur, cette figure extrême du mal. Ils sont, depuis sa fondation, la vérité de l'Église. Et c'est à ce titre qu'elle vénère leur mémoire qui est plus qu'un souvenir, qui est une mémoire active. C'est sur leurs reliques que l'Église fonde les autels où est célébrée l'eucharistie.

Vous semblez avoir non seulement guère de sympathie mais même une pointe d'antipathie pour le conservatisme nonobstant le regain qu'il connaît aujourd'hui. Un dernier mot d'explication ?

Je n'ai pas à être conservateur, mais ne cherchant pas à me préserver, je suis bien conservé. Qui plus est, les conservateurs, je crois, ne conservent rien du tout. Ce qu'ils épargnent et entreposent tend à pourrir. Tel n'est pas le sens de la vie. Quant aux cathos-conservateurs les plus déterminés, je leur reproche de s'imaginer être les remparts du bon Dieu, ses avocats, ses protecteurs. Alors cela, à mes yeux, relève de la naïveté ou du blasphème.

L'Europe malgré tout

Vous estimez possible un sursaut de la France. Mais l'Europe, plus généralement, n'est-elle pas entrée en agonie ?

Elle décroche de l'histoire, ce n'est pas aujourd'hui contestable. Ceci dit, les sociétés qui, sur les autres continents, se pensent exemptes de ce même décrochage me semblent très naïves, en tant qu'elles croient échapper au destin global du nihilisme. Elles se convainquent qu'il s'agit là d'un virus local, qui ravage seulement le petit cap à l'ouest de l'Eurasie et ne les concerne pas. Erreur. Les États-Unis n'ont cessé d'insister sur leur immunité et ont juré que le nihilisme ne débarquerait pas chez eux. Il y est maintenant et ils sont désormais soumis à un variant d'autant plus déchaîné qu'il a été longtemps retenu. La Chine s'éblouit devant son faramineux essor matériel et le rêve irrésistible, sans voir la faille qu'il creuse dans le même temps et qui représente un gigantesque vecteur de contagion. L'Inde est dans le même cas. La Russie, qui sacrifie à nouveau tout à son complexe militaro-industriel, n'échappe pas à cette illusion. De même que l'Iran ou la Turquie. Et tant d'autres pays qui gesticulent pour se soustraire au nihilisme. Mais que font-ils vraiment ? Ils recourent à des modèles anachroniques, déjà obsolescents : impérialisme, nationalisme, autoritarisme, expansionnisme, course aux financements, aux technologies, aux armements. Jamais ils ne s'interrogent sur eux-mêmes et refusent avec véhémence de le faire. Ce qui est précisément la figure accomplie du malaise nihiliste.

Est-ce que ce phénomène mondial exonère pour autant l'Europe de la fascination pour l'impuissance que lui inspire le spectacle de son recul grandissant ?

Disons plutôt que le Vieux-Continent forme la région de l'univers qui, plus qu'aucune autre, fait l'expérience du nihilisme et en subit l'épreuve. Les raisons ne manquent pas à ce statut d'avant-coureur. Les guerres religieuses, impériales, coloniales, mondiales ? C'est nous. Les hérésies, les idéologies, les utopies, les folies totalitaires ? C'est nous. Les démesures industrielles, les destructions environnementales, les divagations post-industrielles ? C'est nous. Nous sommes à l'épicentre de la catastrophe. Nous sommes là où ça se passe. Au cœur du réacteur atomique.

Ce qui explique, selon Régis Debray, que l'Europe, lasse d'elle-même, veuille sortir de l'histoire comme le montre, toujours selon lui, l'incapacité de l'Union à se doter d'une diplomatie et d'une armée. Est-ce aussi votre perception ?

J'ai du respect pour Debray, exemple du normalien engagé, intellectuel ayant souffert pour ses idées, taraudé par la transcendance. Je n'opposerai donc pas un optimisme béat à son pessimisme intransigeant. Car je ne suis pas un européiste enthousiaste. On peut, bien sûr, considérer le rendez-vous raté, mais je ne peux accorder que la construction européenne acterait notre décadence, ni qu'elle signerait notre lâcheté en baptisant du nom de paix notre évitement de tout conflit armé. Avec l'Union européenne, pour la première fois dans l'histoire de l'humanité, une chose étrange se produit : une véritable puissance se résout à ne plus voir dans la guerre une continuation de la politique. Serait-ce que l'Europe ne voudrait plus de la guerre parce qu'elle ne pourrait plus la faire ? Évidemment qu'elle le peut, à n'en juger que par le feu nucléaire que détient la France. Il suffit d'appuyer sur un bouton et même nos pires adversaires sont conscients de ce pouvoir dissuasif. Mais, dira-t-on, il nous manque la volonté. Vrai, mais ne pas avoir la volonté de recourir à la guerre n'est-ce pas, peut-être, une avancée ? Voire une immense avancée ? N'importe qui peut livrer bataille, quand il pense la gagner, quitte à provoquer, chez l'autre et chez lui, des pertes incommensurables et à la fin injustifiables. C'est contre ce vertige que le Vieux-Continent s'est vacciné. En cela, pour moi, l'Europe est en avance – j'allais dire en avance d'une guerre – sur le reste du monde. Pour nous, la guerre ne permet que de perdre, plus de gagner. Nous le savons, parce que nous avons fait, entre nous, la guerre plus que tous les autres.

Dans l'ordre concret, nous voyons cependant une Amérique maîtresse de son destin et qui nous impose son tempo par son inventivité.

Oui et non. Il faut bien comprendre que la puissance américaine de recherche et de création provient, pour beaucoup, de l'importation. Hier de l'Europe, aujourd'hui aussi pour beaucoup de l'Asie. Les États-Unis dominent le monde depuis 1918, mais n'en deviennent le centre, au sens strict, qu'à partir de 1933. Et ce, grâce à l'immigration d'éminents représentants d'une grande partie des civilisations européennes.

Du cinéma hollywoodien à la conquête de l'espace, en passant par la philosophie politique si l'on pense à Leo Strauss et Hannah Arendt.

Entre mille autres exemples. Quitte à me répéter, souvent les idées qui nous semblent provenir de l'autre côté de l'Atlantique ne font que nous revenir. Ces allers-retours expliquent en quoi la critique de notre « américanisation » demeure superficielle. Il faut se poser les bonnes questions. Pourquoi les États-Unis dominent-ils le monde ? D'ailleurs, dominent-ils encore le monde ? Enfin, peuvent-ils continuer à prétendre dominer le monde, alors qu'ils se montrent toujours plus autoréférentiels ? Le système du *melting-pot* a longtemps été leur force, il craque désormais sous le poids de ses contradictions. Quant au modèle unilatéral de la puissance qui a été et demeure le leur, rien n'est moins sûr qu'il ait un avenir.

Mais le modèle européen de l'impuissance a-t-il l'amorce d'un futur ? Et que dire de l'inefficacité chronique et nuisible de la machine technocratique qui régente l'Union ?

La conscience des catastrophes dont l'Europe est responsable a pour conséquence néfaste une propension à la paralysie, déguisée sous le bien flou mais bien arrangeant principe de précaution. D'accord, mais cela n'a rien d'irrémédiable et peut s'améliorer. Où se tient en effet la force la plus durable au cœur d'une puissance, qui l'arme et qui la fait rayonner, si ce n'est dans la matrice culturelle qu'elle peut communiquer ?

Mac Do sur les Champs-Élysées, Disney à Versailles et le rap dans le 93 n'en sont-ils pas une démonstration qui nous est défavorable ?

Cela, c'est l'influence culturelle, le *soft power* comme on a pris l'habitude de la nommer. Autrement dit, la marchandisation planétaire des modes de consommation, un secteur de concurrence où le Japon excelle, mêlant mangas et sushis, sans qu'il prétende rivaliser avec l'hégémonie américaine dans les autres domaines. Mais je suis d'accord également là-dessus : nous pourrions mieux nous défendre. Et d'autant mieux que la matrice, c'est nous. Encore une fois, pourra-t-on jamais faire l'économie de l'Europe ? C'est-à-dire de chacune des révolutions qui y sont nées et qui ont enthousiasmé ou embrasé la planète au point de précipiter la mondialisation, dès lors que tout le reste, ailleurs, à un moment ou à l'autre, en a découlé ? Y a-t-il aujourd'hui des problèmes plus urgents que la globalisation économique, la crise écologique, les mutations numérique et biotechnologique, qui toutes ont l'Europe pour berceau ? Le Vieux-Continent a fait ce qu'aucun autre continent n'a fait. Il a inventé l'interprétation du monde selon l'ordre, la mesure, le concept. Il a inventé la méthode, si vous préférez. On ne peut prendre la place de l'Europe qu'à la condition de l'avoir totalement assimilée.

Ne craignez-vous pas d'apparaître européo-centré ?

Ce serait injuste, car je n'efface absolument pas du tableau les carences, les errances et les méfaits. Je les inclus au contraire dans leur lieu originaire. Ce qui distingue l'Europe est sa capacité unique à intégrer, bien ou mal, ce qui n'est pas elle, qui se tient à l'extérieur d'elle, qui est autre qu'elle. Et bien ou mal, j'y insiste. Ce que Brague a nommé la « voie romaine ».

Autre objection : le bilan européen que vous dressez n'est-il pas aussi américain ? L'Europe aurait-elle été aussi forte sans l'Amérique ?

C'est l'inverse qui est vrai. Une des raisons pour lesquelles les États-Unis ont tant de mal à assumer leur rôle central tient à ce qu'ils n'ont pas clarifié leur rapport à l'Europe. Le Nouveau monde tient un double discours sur l'Ancien monde : il veut à la fois l'abolir et l'accomplir, le réduire à rien et le perfectionner à plein. La « République impériale », selon la formule de Raymond Aron, n'a jamais décidé clairement pour l'une ou pour l'autre filiation, ce qui lui permet de nier sa généalogie, d'obérer la difficulté originelle qu'elle a à se définir politiquement et à laquelle elle se confronte régulièrement, à l'intérieur comme à l'extérieur de ses frontières. Un exemple en est l'ambiguïté de sa prétention à un égalitarisme exemplaire. Il n'y a qu'à rappeler le démenti qu'apporte la permanence de lois et de dispositions ségrégationnistes jusque dans les années 1960, ce qui éclaire la violence du conflit racial aujourd'hui. Un autre est l'ambivalence dans son traitement de la communauté internationale. Après la Première Guerre mondiale, les États-Unis créent depuis Washington la Société des Nations pour refuser immédiatement d'en faire partie. Après la Seconde Guerre mondiale, les États-Unis inventent en Californie l'écologie solidaire mais, sitôt l'Accord de Paris sur le climat conclu, ils y adhèrent pour prestement en sortir, avant d'y rentrer aussi soudainement, en attendant de peut-être en ressortir. On peut remplacer l'Europe à condition d'en avoir absorbé tout l'héritage, à commencer par la faculté de retour critique sur soi.

Donnez-vous donc raison à ceux qui pronostiquent l'irrésistible déclin de l'Empire américain, particulièrement face à ses nouveaux rivaux, les mondes musulman et chinois ?

En 1970, il semble incongru de parier sur la fin proche de l'URSS. En 1984, année orwellienne, il est aisé de pronostiquer sa dissolution imminente tant elle parait en état de sclérose terminale à force de s'être refermée sur elle-même. Dans une, deux ou trois décennies, l'interrogation vaudra pour les USA. En fait, elle vaut déjà. Entre-temps, l'Oumma, la Chine auront-elles pris le relais et l'une ou l'autre s'essaiera-t-elle à jouer le rôle de centre du monde ? Pourquoi pas en théorie, si ce n'est que ni l'une ni l'autre ne présente de pouvoir intégrateur. L'Oumma islamise, la Chine sinise. Là est, chacune à sa façon, leur problème majeur, l'angle mort que constitue pour elles l'altérité. Et là est également la pierre d'achoppement de leurs échecs prévisibles.

Quelle pourra être la place de l'Europe, s'il en est une encore possible, dans ce choc de titans ?

Écoutez, l'époque est sombre, mais je ne vois pas qu'un rayon de soleil puisse se lever d'autre part que du Vieux-Continent. Le réacteur atomique est en panne, mais n'est pas éteint. La qualité et la profondeur du compost historique demeurent inégalées. L'Europe ne représente pas seulement le plus grand marché économique du monde. Ou la plus grande concentration d'inventions technologiques. Ou le plus grand ressort de stabilité financière. En raison des différentes et longues expériences nationales qu'elle rassemble, elle est à la fois le lieu le plus diversifié linguistiquement et le moins divisé culturellement qui soit.

Vous demeurez assez optimiste, donc.

Non, résolument lucide, du moins je l'espère.

Des honneurs et de l'immortalité

Vous ne vous sentez pas cosmopolite mais votre cursus honorum *est d'autant plus impressionnant qu'il est international. Au point que certains envieux vous reprochent de trop goûter les institutions. Y a-t-il à leur répondre et si oui, quoi ?*

Jamais mon but n'a été d'arriver à tout prix, mais une chose est vraie, depuis toujours je sais qu'il y a plus de liberté au cœur de la machine qu'à la périphérie. Que si je veux être libre de dire ce que je pense devoir dire, mieux vaut que je sois dans une institution, plutôt que dans une marge ; et mieux vaut, si possible, que je sois au centre des institutions les plus éprouvées et les plus solides, car l'on y est d'autant plus libre. Donc, quand l'occasion se présente, je dis oui aux institutions. L'École ? Une liberté. L'enseignement ? Une liberté. Professeur ? Une liberté. Mais comment ne pas sombrer en basculant du côté du pouvoir, celui des indémêlables jeux politiques et des ennuis administratifs auxquels condamnent les responsabilités universitaires ? La Sorbonne ? Je voulais y revenir car c'est l'endroit où les réformes et décrets viennent mourir. Chicago ? Une telle opportunité ne se programme pas, mais lorsqu'elle arrive, je comprends tout son intérêt. Ces positions me prêtent soutien et me rendent moins attaquable. Ce sont avant tout des chances inouïes que je reçois comme telles et qui renforcent mon désir de demeurer inapprivoisé.

Le fait que l'on vous sache catholique est-il un obstacle ou un levier ?

Ni l'un, ni l'autre, c'est un élément biographique, neutre. On enregistre que je suis « catho » comme j'aurais pu être barbu. Au début, ma carrière paraît à certains trop rapide pour être honnête et ils ont supposé que, pouvant difficilement être franc-maçon, je devais être de l'*Opus Dei*, puisque si ce n'est l'un, c'est donc l'autre. La rumeur, fausse, cessera faute de combattants. La vérité est qu'être catholique ne m'est ni un gain, ni une perte. Au fond, chaque fois que l'on m'a élu, c'était que l'on ne pouvait pas faire autrement, comme on me l'a souvent un peu naïvement avoué.

Toutefois, n'y a-t-il pas eu chez vos amis de Communio *et vous-même comme une volonté de réinscrire l'intelligence catholique au sein des institutions publiques de savoir où elle était minorée ?*

Vous romancez nos ambitions et vous nous faites le crédit d'une conspiration dépassant notre imagination, mais aussi d'un esprit revanchard un peu vain. En fait, dans toutes les institutions que j'ai pu fréquenter, les catholiques sont bien présents et souvent abondent. C'est une raison supplémentaire pour moi de ne pas me sentir un « réinscrit ». Je m'« inscris » quai de Conti, après Gilson, Gouhier, mais aussi Pierre Emmanuel et René Rémond, sans omettre les ecclésiastiques.

Aussi peu carriériste qu'a été votre carrière académique, vous avez fréquenté l'Université française, l'Université américaine, l'Université allemande et quelques autres. Quel jugement portez-vous sur la nôtre dont d'aucuns considèrent qu'elle va mal ?

Détrompez-vous au moins sur un point. La France n'a plus autant à rougir qu'hier devant l'opulence américaine ou l'aisance allemande car, depuis vingt ou trente ans, notre Université a pour une part rattrapé le retard qui était le sien sur le plan matériel et en termes de confort. L'organisation, la communication, les locaux : sur ces fronts, il n'y a plus l'écart monstrueux qui existait auparavant. Quant au choix des matières, à la qualité des études, à la capacité de spécialisation, les universités françaises vont peut-être mal, mais plutôt mieux que certaines de leurs consœurs allemandes ou américaines où le niveau baisse parfois drastiquement, du moins en sciences humaines et sociales.

Le malaise n'est pas que matériel, il est aussi intellectuel comme le prouvent diverses polémiques. L'Université est devenue une fabrique idéologique...

Mais sous ce rapport en France, en Allemagne, ou aux États-Unis, la crise est égale car elle procède des mêmes raisons.

C'est-à-dire ?

C'est-à-dire que toutes ces universités, où qu'elles soient, sont tributaires de la même déstructuration du savoir sous couvert de libéralisation. Plus de programme national : les sujets sont déterminés par l'opinion publique et les mouvements étudiants. Plus de chaire inamovible : les enseignants sont nommés au coup par coup sur des expertises supposées et indexées sur leur réputation médiatique. Plus de matières fondamentales : les apprentissages de base sont délaissés au profit de spécialités scientifiquement flottantes. Quant à l'idéologisation, oui, elle est énorme, mais elle a surtout changé de nature et décide aujourd'hui des contenus. Hier, l'université était idéologisée, mais c'était sur le fond d'un corpus partagé de grands auteurs, de grands textes, de grandes références sujets à des conflits d'interprétation : Louis Althusser, Michel Henry et Raymond Aron ne lisaient pas de la même façon

Karl Marx, mais c'était bien Karl Marx qu'ils faisaient lire à leurs étudiants. Tous trois auraient ri que l'on effleure de loin Homère pour mener une analyse dégenré, postcoloniale et autres machins de la guerre de Troie. Il faut en conclure que l'Université ne fait pas exception au nihilisme ambiant et qu'elle en constitue la première caisse de résonance.

Plus qu'un honneur, vous accédez le 6 novembre 2008 à l'immortalité qu'est censée accorder l'Académie française. Vous y arrivez comment et vous y trouvez quoi ?

Ce fut une surprise. Une bonne surprise. Une belle surprise. Je dois confesser que j'y frayais d'abord en traînant les pieds. Beaucoup de candidats, éconduits mais aussi consacrés disent de même, mais ce fut pourtant vrai dans mon cas. La dernière fois que je vis Lustiger, il me fit la leçon et me somma d'agir. « Je vais mal, je ne vais pas durer longtemps. Mais vous qui allez bien, on ne vous voit jamais là où il faudrait, vous ne parlez pas, vous restez dans votre tour d'ivoire à ruminer vos livres. » Et moi de lui dire comme d'habitude : « Bien, j'y vais Monsieur le cardinal ». À sa mort, des amis, le *Figaro* et la rumeur réitèrent ce souhait, tandis que me parviennent des signaux convergents de quelques membres de la Compagnie.

Votre élection est donc acquise ?

Du tout, d'abord parce qu'il n'en est aucune qui le soit jamais au sein de cet illustre cénacle. Ensuite parce que je postulais par fidélité à la parole donnée sans aucune vue claire de la situation. Enfin, parce qu'une affaire paradoxale, qui touche à l'Institut, allait déclencher mon acte de candidature. C'est le désir de me revancher de l'Académie des Sciences morales et politiques dont certains membres m'avaient sollicité plusieurs fois non pour m'élire, mais surtout afin de compliquer l'élection d'un de mes amis. Cette fois la colère est montée et, après avoir tergiversé, je me rétractai en annonçant : « Je me présenterai, mais à la Française. » Quitte à s'exposer, plutôt prendre un vrai risque.

Un « mille sabords » de tintinologue à ce qui est tout de même une sacrée institution. Parce que la Française vous tend les bras ?

Mais à la Française, rien n'est jamais moins sûr que d'être élu. À peine vous êtes-vous déclaré candidat à l'Académie, que vous vous sentez tel un lapin de garenne le jour de l'ouverture de la chasse. Je partis aux États-Unis, pour n'avoir pas à y penser pendant trois mois. Je retrouvai cette inquiétude intacte à mon retour et confiai à Michel Prigent, le patron des PUF, ma volonté de retirer ma candidature, n'ayant aucune envie de voir un gros poisson venir à la fin me dévorer. « Décidément tu ne comprends rien à rien, le gros poisson, c'est toi », me rétorqua-t-il. Et il en fut ainsi.

La compagnie des Immortels vous est, semble-t-il, agréable et profitable puisque vous parliez un peu plus tôt d'une bonne surprise ?

La sensation est immédiate et extraordinaire. Sitôt élu, vous êtes réellement reçu comme un des leurs par tous les membres, qu'ils aient ou non voté pour vous – peut-être que oui, peut-être que non (car on ne saura jamais) – et n'en parlons plus ! Vous entrez, comme le disait Jean d'Ormesson, dans une société d'admiration mutuelle, où chacun est persuadé qu'il n'y a rien de mieux que ce cénacle. Et j'en tombais d'accord, car c'est le seul comité qui ignore la compétition. Vous découvrez chacune, chacun de vos pairs, qui tous connaissent beaucoup de choses dans toutes sortes de domaines, qui sont tous très aiguisés et très fins, qui parlent franchement, qui ont tous de l'humour avec une propension formidable à la libre provocation. Une séance à l'Académie est toujours plus intelligente et plus drôle que n'importe quel dîner en ville, n'importe quelle réunion universitaire ou éditoriale. Je m'y plais donc parce que j'y ris et m'y instruis. Sans oublier que siéger au service de la langue française et dans le palais de l'Institut revient à occuper une place royale.

Justement, la langue, c'est aussi la littérature que vous est une passion. Lisez-vous les romanciers français contemporains et qui plus particulièrement ?

Beaucoup d'entre eux et parfois avec passion. Citer l'un plutôt que l'autre est un exercice dangereux, car on risque un juste reproche en injustice par incompétence. Grâce à l'Académie, j'ai par exemple découvert un écrivain rare, tout à fait remarquable et que je lis avec le plus grand soin : c'est Andreï Makine, si russe dans l'esprit et si peu russe dans le style. Je me frotte aussi à l'inévitable du moment, déconcerté un temps par son écriture minimaliste, je finis par l'apprécier car elle coïncide avec l'époque qu'il dépeint lucidement, appuyant le trait à la manière de Calot ou Daumier, frôlant presque et ne frôlant presque pas la caricature : Michel Houellebecq. Il y a dans ce même registre, mais tirant plus vers l'essai, Philippe Muray. Mon admiration inconditionnelle va cependant à Valère Novarina, sûrement un des plus grands écrivains français contemporains. Son théâtre, c'est le Verbe en acte.

Regretteriez-vous de n'avoir pas été romancier ?

Non, il faut être prédisposé à en avoir le talent et ce n'est pas mon cas. Mais j'ai d'autres regrets, plus justifiés.

Lesquels ?

Ceux liés aux défauts de ma formation car, contrairement aux apparences, j'aurais passé mon temps à rattraper mes retards. Je regrette de ne pas être meilleur en hébreu, même si je le déchiffre juste assez pour mes besoins. J'ai aussi le regret de ne pas avoir fait d'études scientifiques plus avancées. Né dans une famille d'ingénieurs, j'ai été élevé dans l'univers industriel des houillères et des fonderies, entouré de férus de moteurs de course, et cette expérience précoce de la mécanique m'a aidé à comprendre les systèmes philosophiques. Mais j'aurais aimé faire plus de mathématiques et de droit. Enfin, quoique aficionado de *L'Équipe*, je regrette de ne pas avoir fait plus de sport, ce qui m'aurait déniaisé un peu plus tôt.

Ce qui lie le jeune Jean-Luc Marion au Jean-Luc Marion d'aujourd'hui, n'est-ce pas avant tout un tempérament poétique décidé à rendre manifeste cette expérience que l'on cache sous le voile de l'indicible, de l'inouï, de l'invisible ?

Sans doute. La poésie mais aussi la peinture, la musique, m'ont aidé à le saisir. Un grand peintre fait voir les couleurs et les formes que nul n'avait jamais vues avant lui. Il fait que l'in-vu devienne visible. Un grand musicien, trois mesures suffisent, même à un béotien, pour reconnaître le son, le rythme, la texture qui sont les siens. Il fait que l'inouï devienne audible. Un grand poète, lui, fait que le non-dit devienne dit. Quant à la révélation biblique, elle fait que l'inconcevable, l'incompréhensible, l'inimaginable soient perçus et reçus. Il n'est rien de plus frustrant et révoltant que l'exposé d'un exégète qui essaie de ramener le texte à la lecture que tout le monde connaît et peut en penser déjà. L'impératif est inverse. Il n'est même pas d'arriver à laisser le texte dire ce qu'il dit. Il est de réussir à ce que le texte donne accès à l'événement dont il est le procès-verbal. C'est en cela et pour cela que je ne suis pas littéraliste, que je ne suis pas talmudiste, que je ne suis pas coraniste. Le texte n'est rien, sinon ces tracés graphiques qu'enregistrent les capteurs lors d'une explosion atomique. L'événement, c'est l'explosion, l'événement, non pas les relevés. Le travail consiste à reconstituer ce qui s'est passé, en sachant que le texte n'en est que l'indice, en lui faisant dire ce dont il provient.

Le « d'ailleurs » que vous dites être celui de la révélation ?

Et dont est issu le texte biblique, ce procès-verbal d'un immense événement dont nous sommes tous blessés et stigmatisés.

Nihil

Si l'on examine le cours de l'intelligence catholique française sur le siècle écoulé, chaque génération s'est interrogée sur un point de la modernité. Jacques Maritain : que fait-on de la politique ? Henri-Irénée Marrou : que fait-on de l'histoire ? François Mauriac : que fait-on de la littérature ? Et votre génération ?

Que fait-on de la fin de la métaphysique, ou même de la question de l'être ? Telle est la question qui aura été dévolue à ma génération.

Mais aussi du monde qui s'achève avec elle.

Bien entendu.

Vous vous interrogez donc non plus sur la modernité, mais sur la postmodernité, au sens de Hannah Arendt ?

Arendt pose le juste diagnostic, mais sans peut-être l'accompagner du commentaire philosophique de rigueur. Oui, il y a disparition du principe, de l'autorité, de la hiérarchie. Mais qu'advient-il et que devient-on dans un tel monde ? C'est toute la question du nihilisme.

Cet enjeu-là vous en avez conscience dès le début ?

Dès le départ, oui.

Vous acceptez en conséquence la prééminence du désordre et du chaos...

On n'a pas à accepter ou à ne pas accepter le nihilisme. Il est là. Il faut comprendre que ce désordre et ce chaos, comme vous le dites, n'arrivent pas par hasard. Ils résultent d'un mouvement qui, historiquement, commence au XVIe siècle avec les guerres de Religion, se poursuit avec la formation des États nationaux, l'établissement des frontières, l'émergence du droit international, entre en agonie avec la Guerre de 1914-1918 et se termine en 1989 avec la chute du mur de Berlin. Politiquement, on passe des idéologies dominantes aux idéologies totalitaires, pour déboucher sur les idéologies actuelles qui, ne voulant s'avouer ni dominantes ni totalitaires, se déclarent de rupture. Philosophiquement, ce mouvement est contenu dans ce que l'on nomme la métaphysique, sa genèse, son essor et sa fin. L'anarchie présente qui caractérise la postmodernité a donc une généalogie. Elle a des causes, des développements, des aboutissements. C'est ce que ne comprennent pas les réactionnaires de toutes sortes qui veulent restaurer soit la religion, soit la nation, soit la révolution, entre autres masques de la volonté de puissance. Ils restent des agents conscients ou inconscients du nihilisme.

N'est-on pas en droit de penser que l'effacement de l'eschatologie, de la représentation des fins dernières, chrétienne ou non d'ailleurs, est le produit par excellence de la modernité et le signe essentiel du nihilisme ?

Je ne le dirais pas ainsi et même, en un sens, je dirais le contraire. La modernité s'est voulue non eschatologique. C'est là une requête du développement de l'interprétation scientifique du monde comme recherche constante : non seulement il faut considérer que l'espace est indéfini, l'étendue mathématique étant l'horizon de tout phénomène, mais encore que le temps est lui aussi indéfini, à moins de quoi il cesse d'être linéaire. Très curieusement, on affirme donc à la fois que le progrès est indéfini et infini, plus exactement qu'il est sans fin. Le temps ne supposant aucune eschatologie, on doit postuler la paix perpétuelle. Et l'on aboutit à un millénarisme inexhaustible. Au moment où sonne le glas de la modernité dans les tranchées de Verdun, on se prépare à comprendre, dans les laboratoires de Berlin et d'ailleurs, que le temps n'est pas infini. Autrement dit, que le monde n'est pas éternel. Big Bang : il a eu un commencement, il aura un terme. On assiste à un retour incontrôlé sinon de l'eschatologie, du moins de la fin du monde. On s'aperçoit qu'on a perdu deux ou trois siècles à la masquer. On réalise que les grands récits scientifiques sont absolument muets sur le sujet et que les grands récits religieux ayant été oubliés, on est dépourvu d'outils pour le penser. D'où le retour de l'angoisse. La Création, la Genèse, c'est embarrassant et on s'en est débarrassé. Mais l'Apocalypse revient au galop sans avoir à être précédée par les Quatre Cavaliers. Règne la peur de la fin du monde. Mais une fin que ne soutient, illustre ou éclaire aucune pensée. Qu'il nous est en fait impossible et interdit de penser. D'où le délire actuel.

Y incluriez-vous l'écologie ou une certaine écologie ?

Absolument. L'écologie bute d'ailleurs sur une seule contradiction mais étonnante et fatale. D'une part, *a minima*, elle propose de résoudre la crise environnementale, afin que l'humanité puisse continuer sa trajectoire sans appauvrir la Terre, ce qui revient à prolonger une situation vivable pour tous. D'autre part, *a maxima*, elle projette que l'humanité disparaisse pour le bien de la Terre, ce qui revient à sauver toutes les espèces, sauf l'homme. Cette contradiction, qui affleure ou éclate dans le discours écologiste, découle de l'impossibilité de penser un quelconque avenir, si la flèche du temps est considérée comme irréversible. Parce que tout a été fait, dans l'ordre de la métaphysique, pour que nous concevions ainsi le temps.

Si ce n'est pas le cas, comment alors nous faut-il le concevoir ?

Je vous ai dit comment l'échec de Bergson à en sortir de *ce* temps par la notion de durée, m'a conduit à penser l'événement. Mais tournons-nous vers la formule de Bossuet qui, dans son *Discours sur l'histoire universelle*, affirme que le temps est mesuré par un événement qui retient le passé et le présent, d'où le nom d'époque. Enraciné dans l'Écriture, l'« aigle de Meaux », qui en avait le regard, nous donne une leçon de phénoménologie avant Husserl. Ce n'est pas à partir du flux que l'on peut voir ce qui est entre l'avant et l'après, puisque dans le flux on ne repère rien, le propre du présent étant qu'il n'est pas. Quand on songe que la métaphysique se fonde sur l'analyse du présent et qu'elle fonde l'étant sur la présence, la *parousia* ou « parousie », alors que *parousia* désigne l'instant sans durée, le point qui renvoie à la ponctuation ou à la piqûre, cette incohérence paraît incroyable. L'idée d'un temps neutre signifie simplement que le temps n'est pas et que ce qui est n'est pas dans *ce* temps. Donc ce qui est et qui décide d'un avant et d'un après, c'est l'événement. Et l'événement, c'est exactement ce que nous ne pouvons pas produire. Et devons attendre.

De l'insensé des Psaumes qui dit qu'il n'y a pas de Dieu, Nietzsche fait un promeneur tenant une lanterne allumée en plein jour et s'écriant que Dieu est mort. Sommes-nous encore capables de percevoir et de recevoir l'événement ?

La vérité est que nous ne voyons même plus l'insensé passer sous nos fenêtres, car il a fini de se promener. Nous tous, nous vivons désormais *dans* l'insensé. Non pas dans l'excessif et l'extravagant, mais dans l'insane et l'insignifiant. Avec pour unique sensation concrète qu'il n'y a pas de sens, constat brut que l'on fait comme l'on se dit que la cuisine est vide, l'eau imbuvable ou l'air irrespirable. C'est l'abattement profond, l'abaissement sans fond. Rien ne veut rien dire, rien ne compte, tout est équivalent. Pour se tirer de cet abrutissement, on recourt à des excitants de substitution, auxquels on ne croit même pas et qui s'avèrent encore plus abrutissants.

Le mot d'acédie, qui est passé du vocabulaire ascétique et mystique au lexique du mieux-être psychologique, ne décrit-il pas cette situation ?

Vous le dites : c'est la version contemplative et la vision élevée du mal spirituel qui ronge l'âme du solitaire au désert en lui intimant que le salut est hors d'atteinte. Évagre ne pensait sans doute pas connaître une telle postérité. Mais ce sentiment est si fort qu'il peut aller jusqu'à rendre indifférente la perspective de la mort. Il y avait ainsi à redouter, que sous la chape de plomb du confinement sanitaire, des gens, saisis par l'idée que ce temps singulier puisse durer une éternité, ne finissent par juger qu'être contaminé n'était pas plus mal que de ne pas l'être. Je reste surpris que nos autorités semblent y avoir si peu pensé.

Considérez-vous que votre œuvre puisse constituer un antidote à ce malaise d'évidence planétaire ?

Ni je ne suis un maître de vie, ni je n'aime ceux qui en prennent la pose. Je me suis efforcé de penser l'anarchie du sens, le *nihil*, que concentre la postmodernité, car cette situation n'est pas impensable. Elle ne l'est ni en termes philosophiques, ni en termes théologiques. De ce dernier point de vue, ce qui se passe sous nos yeux consiste aussi en une crise de l'eschatologie et, d'une certaine manière, s'inscrit encore dans une grille de lecture eschatologique, classique et raisonnable. Le pari des chrétiens est de penser que la disparition de la Bête et des dragons qui l'escortent est inévitable, que nous vivons aujourd'hui cette heure qui court depuis toujours et que, sans faire du messianisme de quatre sous, il n'y a pas lieu de nous en émouvoir outre mesure.

Tour du monde

Vous invoquez le surplus de conscience des chrétiens mais n'êtes-vous pas inquiet que l'effondrement de la culture ne finisse par nuire à la connaissance la plus sommaire du christianisme ?

À l'aune d'une vie, on voit immanquablement des hauts et des bas dans la vie de l'Église, dans sa relation au monde et dans son lien à l'histoire. J'ai vu des moments de force, le soutien au relèvement des démocraties après 1945, la participation au déclenchement de la chute du communisme avant 1989, la convocation du Concile entre-temps. J'ai vu des moments de faiblesse, l'atonie de la déchristianisation au cours des années 1960, le risque du schisme dans la décennie 1980, le retard face aux scandales de mœurs à l'entour de l'an 2000. J'en ai retiré le sentiment qu'une appréciation extérieure et objective de l'état de l'Église nous est impossible. Je suis indifférent ou presque aux considérations sociologiques sur la baisse de la pratique, le recul de l'influence politique, la décrue du nombre des néophytes ou des séminaristes. Les moments où tout va bien pour l'Église me paraissent toujours inquiétants car propices à ce qu'elle se trouve rapidement embarquée dans la construction d'un ordre social. Ce qui n'est pas de son ressort comme le prouve la rapidité même avec laquelle disparaissent ces empires illusoires. Pensez aux Églises de Hollande, du Québec, d'Irlande, d'Espagne.

Vous n'y mettez pas la France ?

Si, mais l'Église de France a pour avantage d'avoir très tôt connu cette déconvenue. Elle en a fait l'expérience de manière anticipée au XVIIIe siècle. Elle semblait alors mieux établie que jamais. Elle était éduquée et engagée. Elle tenait son rang spirituel et intellectuel. Elle était très française, peu romaine et jouait un rôle éminemment positif auprès de toutes les couches de la population. Puis survient la situation terrible, dont elle mettra longtemps à se remettre bien qu'elle l'ait dignement affrontée. Nos critères pour juger du présent et de l'avenir de l'Église sont donc aussi suspects que nos critères pour juger du passé de l'Église, parce qu'ils sont toujours le point de vue de Sirius, d'un savant qui enquête sur la religion en s'efforçant vainement de la constituer en un champ scientifique comme un autre. Or, épistémologiquement, la chose résiste. Surtout nous savons, par la Bible, que ce n'est pas le point de vue de Dieu.

Votre dernière affirmation peut sembler empreinte, si vous me le permettez, d'une touche de fondamentalisme ou de fidéisme, comme on voudra, mais inattendue dans votre bouche...

Il vous faut donc lire ou relire la Bible afin de vous éviter un trouble inutile. Mon approche est au contraire herméneutique. Il en va de même pour la vie de l'Église que pour l'histoire d'Israël. Est-ce que la période où Salomon a érigé le Premier Temple a été meilleure spirituellement pour le peuple juif que l'exil à Babylone ? Est-ce que le rétablissement du Second Temple par Hérode, qui n'était pas juif pratiquant, a été une bonne chose pour le maintien et l'épanouissement du judaïsme ? On peut en discuter. Mais qui tranchera ? Que ce soit pour porter des appréciations positives ou négatives, je ne connais personne qui puisse juger de l'état de l'Église car personne n'est en l'état de le faire. Nul n'est qualifié. Ce que les chrétiens en général et les catholiques en particulier ont tendance à oublier. Le jugement est réservé à Dieu, c'est sans conteste. Le jugement n'est pas de notre ressort, c'est sans appel. Je me tiens à cette règle et refuse de m'en abstraire.

Puisque vous l'évoquez, le chrétien se tient historiquement face au Juif et au Grec, quelle tension voyez-vous entre le Testament révélé du judaïsme et le Testament naturel de l'hellénisme pour parler à la manière des Pères de l'Église ?

Jérusalem, Athènes, Rome, mais aussi Antioche et surtout Alexandrie : le cheminement est long, complexe et, oui c'est le mot, tendu. Avec le peuple que l'Éternel s'est choisi et a contracté alliance, le temps du malentendu est révolu. À la suite de Vatican II et de Jean-Paul II, le pape Benoît XVI a expressément tenu à ce que le dialogue judéo-chrétien occupe une place médiane et singulière entre le dialogue œcuménique et le dialogue interreligieux. Il a ainsi scellé le mystère de la coexistence de la Synagogue et de l'Église. Ce qui ne peut que me ravir. Quant à l'hellénisme, à supposer que le mot ait un sens précis, si l'on pense à l'avènement de la philosophie grecque, pour autant que ce ne soit pas un pléonasme, les rabbins eux-mêmes, y compris ceux de la Palestine romaine, ne l'ont jamais ni méconnu, ni méprisé.

Cela signifie-t-il qu'on ne saurait faire l'économie ni la question de l'Un, ni la question de l'Être même pour les déconstruire ?

C'est un point fondamental. La pensée chrétienne s'incarne dans des pensées existantes, comme le Christ s'est incarné dans un peuple, dans un lieu et dans un temps. Elle a pour caractéristique de vouloir immédiatement se traduire dans les pensées dominantes et disponibles qu'elle rencontre. Mais le plus fascinant est de voir comment, au lieu d'être digérée par ses modèles, elle les absorbe et les reconfigure pour mettre en musique sa propre partition qui est l'économie du salut. C'est ce que montrent les conciles de Nicée et de Constantinople sur la Trinité où fut concassé le système néoplatonicien de l'Un et des émanations, le concile de Chalcédoine où fut ravagé le langage aristotélicien de l'être et des étants. Nietzsche avait raison en s'insurgeant contre la captation chrétienne de l'hellénisme, et la thèse contraire d'une hellénisation du christianisme me semble un slogan faussement savant. Le même principe prévaut en un sens, quoique différemment, avec le judaïsme. Le Nouveau Testament démythologise d'emblée l'apocalyptique juive. Qu'est-ce qui distingue les évangiles apocryphes et les évangiles canoniques ? Ce n'est pas le merveilleux (car on en trouve dans le corpus canonique), mais que le style apocalyptique passe par le feu du kérygme. Ce qui est aussi vrai pour les formes et expressions religieuses africaines ou sud-américaines. Le christianisme a une puissance d'intégration et de modification qui fait que l'inculturation s'opère certes dans les *deux* sens et que les cultures qui s'ouvrent à lui en sont définitivement changées.

Puisque vous annoncez les sujets avant je n'ai le temps de les introduire, croyez-vous que le dialogue œcuménique puisse aboutir à l'unité des chrétiens ?

Le travail est engagé, il n'est pas sans fruits, mais aucune date ne figure et ne saurait figurer sur l'agenda, car l'unité que vous citez ne dépend pas d'un accord onusien, mais de la communion plénière à la même foi et donc, en bonne théologie, de la motion du Saint-Esprit. L'affaire est compliquée du côté du protestantisme, car les familles issues de la Réforme ont leurs discordes doctrinales. Je m'honore d'autant plus de l'intérêt que me portent de jeunes chercheurs protestants qui n'ont pas renoncé à la théologie fondamentale. L'orthodoxie connaît également des tensions en interne, mais d'ordre disciplinaire. Il est évident que, pour des raisons d'abord dogmatiques, mais aussi sacramentelles, liturgiques, spirituelles, la proximité est grande et la conscience de cette proximité n'a cessé de grandir entre elle et les catholiques. Qu'est-ce qui empêche d'aller plus loin ? L'opposition entre l'Église de Pierre, du pouvoir et l'Église de Jean, de la mystique, est trop tranchée pour être honnête. Bien sûr, elle correspond à un sérieux accroc historique. Le conflit à la fin du Moyen Âge sur le pouvoir temporel direct ou indirect de la papauté est l'indice d'une dérive : il signale la tentation de concevoir l'Église sur le mode d'un *imperium* qu'elle n'a pas et, donc, n'a pas à avoir. Mais cette difficulté, si vous ne la lestez pas de l'obligation à penser Dieu comme l'acte d'être, si vous admettez que la théologie doit être soumise au préalable à de l'apophase, vous remettez de la liberté dans le dialogue et vous affranchissez les positions de départ des sédiments de l'histoire. En ce sens, j'espère et crois que ma contribution est profondément œcuménique. Ici aussi les jeunes lecteurs attentifs et critiques dont je bénéficie en Grèce, en Roumanie, en Russie et au sein des diasporas orthodoxes me confortent dans ce sentiment.

Nous avons abordé l'islam mais pas son avenir. Ne craignez-vous pas que, par sa robustesse, il ne l'emporte en séduction sur un christianisme qui ne semble plus avoir la vigueur qui lui a permis de convertir l'Empire romain ?

Non, car il existe une différence notoire. Le problème est que le monde musulman commence à peine à régler sa relation avec la modernité, d'où les convulsions qu'il connaît. Le problème dans le problème est de savoir jusqu'à quel point l'islam peut devenir intégrateur. Or il ne l'est pas dans sa constitution d'origine puisque le Coran rejette par principe toute « association ». Cette logique binaire, avec moi ou contre moi, est portée à l'extrême par l'islamisme.

Toute politique est une théologie sécularisée et repose sur l'opposition frontale entre ami et ennemi : c'est le système de Carl Schmitt, non ?

Exactement. C'est pourquoi Schmitt endossa le national-socialisme dans lequel il vit une illustration parfaite de sa dialectique. Et que le catholique Erik Peterson se leva pour tailler en pièces sa conception de la théologie politique et la condamner comme proprement diabolique. Dans ce cadre vous ne pouvez en effet vous imposer que par le glaive. Mais cette imposition a ses limites, parce que le glaive répond au glaive, mais pas seulement. Avoir besoin de la force pour justifier que votre religion est la vraie, cela représente un terrible aveu de faiblesse. L'usage de la terreur n'est pas un signe de bonne santé. Or, l'islam radical est schmittien. Or, si les musulmans radicaux étaient en mesure de proposer un cadre de substitution aux sociétés occidentales, ils n'auraient pas besoin de l'intimidation et de la menace. Or, ce qui a fait la force du christianisme fut de n'avoir pas eu besoin de recourir à la force pour se développer, tout au moins à ses débuts. Il est bon pour toutes ces raisons de méditer le cas soviétique. On ne saurait d'ailleurs exclure que, de façon soudaine, l'islamisme radical s'effondre lui aussi et recule à un moment parfaitement imprévu.

Ce n'est sans doute pas la bonne manière de le dire et vous me répliquerez certainement que ce n'est pas à vous de le dire, mais votre christianisme affranchi de la métaphysique ne peut-il être une clé d'inculturation à l'égard de l'Asie ?

Je n'ose l'espérer, l'hypothèse n'est pas absurde, mais il reviendra à d'autres que moi de tenter, s'il y a lieu, de la vérifier. J'ai déjà été frappé de voir comment mes livres pouvaient servir de boîte à outils dans certains cercles de sciences humaines, de psychanalyse lacanienne, d'études féministes ou encore à l'École biblique de Jérusalem. Mais sur un continent dont les modes de penser sont si différents des nôtres ? Pour autant que je puisse comprendre ce qu'on médite en Inde ou en Chine, qu'un Occidental invite à ne plus considérer toute chose comme un objet, mais comme un événement ressaisi dans sa contingence, comme un donné éventuellement interprété comme un don, oui, ceci est peut-être à même d'un peu libérer le lourd horizon d'une rencontre jusqu'ici retardée par nombre d'incompréhensions réciproques.

Le prêtre et bibliste russe Alexandre Men, juif converti sauvagement assassiné en 1990 par le KGB en un simulacre d'attentat antisémite, avait titré son dernier livre Le christianisme ne fait que commencer. *Que vous inspire cette formule ?*

Lustiger le disait souvent. Ce n'est pas une formule, c'est une devise. Et une promesse.

Épilogue

Nous abordons la fin de notre conversation. On a l'impression à vous lire et à vous écouter que, pour vous, Dieu est une évidence. En a-t-il toujours été ainsi ?

J'ai presque honte de le confesser, mais entendre des chrétiens dire que le doute serait inhérent à la foi m'est absolument étranger. Des doutes, j'en éprouve et même un, fondamental : suis-je vraiment chrétien ? Je doute de moi, non pas de Dieu. Mon impuissance à suivre le Christ, voilà la vraie question. Me surprend-elle, cette impuissance ? Non. Les Évangiles en attestent dans le détail et sans illusion. Ils constituent un procès-verbal dans le procès-verbal. Celui du conflit à jamais irrésolu entre l'évidence que l'incarnation de Dieu apporte et l'incapacité qu'ont les hommes, y compris les disciples, à la reconnaître. Telle est notre situation depuis toujours et encore aujourd'hui. Si c'est cela le doute, alors oui, bien entendu, je doute. Mais ainsi seulement.

Mais entendez-vous à votre tour ce que cette affirmation peut avoir de brut, voire d'archaïque ?

Tant mieux, car elle remonte au buisson-ardent.

Et les démentis à l'existence de Dieu que semblent apporter parfois eux-mêmes les croyants, qu'en faites-vous ?

Je n'ai jamais compris pourquoi les misères des chrétiens ou les difficultés de l'Église entraînent chez certains autant de suspicions sur la révélation de Dieu. Il ne faut pas se tromper de tromperie. Il est à la fois naïf et orgueilleux de penser que, puisque je doute de la révélation, elle devient douteuse. Non, c'est moi qui suis douteux. Il y a de la puérilité et de la suffisance dans le fait que je déduise que, puisque je suis pécheur et roule dans le caniveau, Dieu n'existe pas. Non, c'est moi qui suis en déficit de réalité. Je sais que je ne suis pas celui que je devrais être.

Comment sortir de cette impasse ?

Il me reste à tenter de saisir en quoi la révélation me dépasse. Et de consentir à ce qu'elle m'entraîne dans son dépassement.

Prônez-vous alors le retour à la spiritualité qui marque notre époque ?

Le mot de spiritualité, dans l'usage contemporain, ne veut plus rien dire de précis et les spiritualismes qui abondent contredisent son sens premier. Je me méfie de l'homme pieux, de l'homme juste ou de l'homme saint affiché qui ne se déclare jamais tel, qui charge ses sectateurs de vous le faire comprendre à sa place et qui, dans la foulée, nie devant vous l'être, afin que vous compreniez bien que, face à lui, vous ne valez rien du tout. De cette race-là, j'ai connu quelques spécimens et je les tiens à distance.

Mais n'est-ce pas le retour à la contemplation qui peut épargner aux chrétiens l'illusion de l'activisme ?

Il n'est pas de plus grande action que la contemplation, car tout découle d'elle. L'activisme pour un chrétien n'est pas qu'une illusion, c'est une trahison. Ceux qui s'imaginent désignés pour garder la boutique en lieu et place du patron qui, le cher bon Dieu, ne sait pas gérer les affaires, qui se rêvent indispensables pour sauver l'Église, si peu douée en marketing et communication, qui viennent pour faire le job comme ils disent, ceux-là, je m'en garde aussi.

Entre ces deux extrêmes, la voie semble...

Étroite. Ce qu'elle est. La simplicité est le vrai visage de la spiritualité. Et la spiritualité vraie se lit dans la chair, car là est son lieu, le lieu du salut. Les chrétiens croient en Dieu incarné.

Époux, père de famille, homme d'amitiés et personnalité publique, vous êtes tout cela. Pourtant votre œuvre, par sa profondeur contemplative, suggère une attraction pour la vie monastique. Vous pardonnerez cette indiscrétion finale, mais est-ce le cas ?

Il faut ici distinguer entre la conscience de la dette et la conscience de la différence. Il y a l'expérience de la liturgie, dont les moines sont les premiers artisans et les ultimes artistes. Il y a la lecture de la grande théologie, dont les principaux rédacteurs furent des moines ou des évêques ayant été des moines, raison pour laquelle elle est catéchétique, sacramentelle, homélitique, ascétique, mystique. Il y a la compagnie de celles et de ceux qui ont été appelés à vivre l'état monacal, dont l'exemplarité n'est jamais plus éclatante que dans le silence. De tout cela, je suis convaincu et tout cela m'a nourri. La vie monastique de type contemplatif offre tout simplement la forme suprême de la vie chrétienne. Elle apparaît enthousiasmante, mais aussi glaçante en ce qu'elle semble surhumaine. Et, en un sens, elle l'est, car elle esquisse l'humanité déifiée qu'annoncent les Pères. Il faut avoir l'endurance d'un sportif de haut niveau pour s'y tenir et l'humilité du plus chétif vermisseau pour s'y maintenir. Chaque seconde y est une question de grâce. C'est ce modèle existentiel qui manque trop aux clercs et qu'ignorent trop les laïcs. Pour autant je ne suis pas moine et je sais la distance qui me sépare des moines même s'ils tendent à l'abolir dans leur prière pour le salut de tous.

Vous voudriez goûter la sainteté ?

Devenir saint doit être le but du chrétien : les Pères sont sans ambiguïté sur ce point mais ils ne cessent également de rappeler que tout demeure suspendu à la grâce. J'avais vingt ans lorsque Mgr Charles me dit : « Il vaut mieux que tu restes dans le monde, car tu ne ferais pas un bon prêtre. Tu n'es pas assez pieux. » Un demi-siècle plus tard, je lui donne raison. Je ne suis pas un saint. Mais je le sais. Ce qui constitue un moindre désespoir que de l'ignorer car ce désespoir-là appelle en Dieu la révélation de sa miséricorde. Là cesse la nuit, les abois, la crainte, ainsi que le chante le Psalmiste, et là survient l'assurance lumineuse, comme lors de la Transfiguration. Nous n'en aurons jamais fini avec Dieu. Jamais. Qui et quoi nous en séparerait ?

Table des matières

À vrai dire

Du même auteur

Sur l'ontologie grise de Descartes. Science cartésienne et savoir aristotélicien dans les Regulae, Paris, Vrin, 1975, 2000[4].

Index des Regulae ad Directionem Ingenii *de René Descartes*, en collaboration avec J.-R. Armogathe, Rome, Éd. dell'Ateneo, 1976.

René Descartes. Règles utiles et claires pour la direction de l'esprit en la recherche de la vérité, Traduction selon le lexique cartésien et annotation conceptuelle avec des notes mathématiques de P. Costabel, La Haye, Martinus Nijhoff, 1977.

L'idole et la distance. Cinq études, Paris, Grasset, 1977 ; Poche/Biblio, 1991[3].

Sur la théologie blanche de Descartes. Analogie, création des vérités éternelles, fondement, Paris, PUF, 1981, 2009[3].

Dieu sans l'être, Paris, Fayard, 1982[1] ; PUF, « Quadrige », éd. revue et augmentée, 2010[4].

Sur le prisme métaphysique de Descartes. Constitution et limites de l'onto-théo-logie cartésienne, Paris, PUF, 19861, 2004[2].

Prolégomènes à la charité, Paris, Éd. de la Différence, 1986, 1991[2].

Ce que cela donne, Jean-Francois *Lacalmontie*, Paris, Ed. de la Différence, 1986.

Réduction et donation. Recherches sur Husserl, Heidegger et la phénoménologie, Paris, PUF, 1989, 2004[2].

Questions cartésiennes. Méthode et métaphysique, Paris, PUF, 1991[1], 2021[2].

La croisée du visible, Paris, Éd. de la Différence, 19911 ; PUF, « Quadrige », 2007[3].

Index des Meditationes de prima Philosophia *de R. Descartes* (en collaboration avec J.-Ph. Massonie, P. Monat, L. Ucciani), Besancon, Annales littéraires de l'université de Franche-Comte, 1996.

*Questions cartésiennes II. L'*ego *et Dieu*, Paris, PUF, 1996[1], 2021[3].

Hergé. Tintin le terrible ou l'alphabet des richesses (en collaboration avec A. Bonfand), Paris, Hachette, 1996[1], 2006[2].

Étant donné. Essai d'une phénoménologie de la donation, Paris, PUF, 1997[1] ; éd. corrigée, « Quadrige », 2013[4].

De surcroît. Études sur les phénomènes saturés, Paris, PUF, 20011 ; « Quadrige », 2010[2].

Le phénomène érotique, Paris, Grasset, 2003 ; « Livre de Poche, Biblo-Essais », Paris, 2004[2].

Le visible et le révélé, Paris, Éd. du Cerf, 2005[1], 2016[2].

Acerca de la donacion. Una perspectiva fenomenologica, Buenos Aires, UNSAM, 2005.

Dialogo con l'amore (U. Perone éd.), Turin, Rosenberg et Sellier, 2007.

Au lieu de soi. L'approche de saint Augustin, Paris, PUF, 2008[1], 2009[2] corrigée.

Le croire pour le voir, Paris, Parole et Silence, 2010.

Certitudes Négatives, Paris, Grasset, 2010.

Discours de réception à l'Académie française, Paris, Grasset, 2010.

Du même auteur

The Reason of the Gift (S. E. Lewis, éd.), Charlottesville, University of Virginia Press, 2011.

Figures de phénoménologie, Paris, J. Vrin, 2012.

La rigueur des choses. Entretiens avec Dan Arbib, Paris, Flammarion, 2012[1], 2015[2].

Sur la pensée passive de Descartes, Paris, PUF, 2013.

Givenness and Hermeneutics, Milwaukee, Marquette U.P., 2013.

Essential Writings (K. Hart éd.), New-York, Fordham U.P., 2013.

Courbet ou la peinture à l'œil, Paris, Flammarion, 2014.

Reprise du donné, Paris, PUF, 2016.

Givenness and Revelation, Oxford, Oxford U.P., 2016.

Brève apologie pour un moment catholique, Paris, Grasset, 2017.

Das Erscheinen des Unsichtbaren, Fribourg, Herder, 2018.

D'ailleurs, la Révélation, Paris, Grasset, 2020.

Questions cartésiennes III. Descartes sous le masque, Paris, PUF, 2021.

Paroles Données, Paris, Éd. du Cerf, 2021.

Composition : Le vent se lève...

Achevé d'imprimer en avril 2021
dans les ateliers de Normandie Roto Impression s.a.s.
61250 Lonrai (Orne)
N° d'impression : 2102129
Dépôt légal : mai 2021

Imprimé en France